跟你厮混在一起

L'AMOUR, au fil des jours

郑益姣 著

WUHAN UNIVERSITY PRESS
武汉大学出版社

图书在版编目(CIP)数据

跟你厮混在一起:塞纳河畔,一位中国妈妈的手记/郑益姣著.—武汉:武汉大学出版社,2010.1
ISBN 978-7-307-07430-9

Ⅰ.跟…　Ⅱ.郑…　Ⅲ.家庭教育　Ⅳ.G78

中国版本图书馆CIP数据核字(2009)第207999号

责任编辑:郭　静　　　责任校对:刘　欣

出版发行:武汉大学出版社　(430072　武昌　珞珈山)
(电子邮件:cbs22@whu.edu.cn 网址:www.wdp.com.cn)
印刷:湖北恒泰印务有限公司
开本:787×1092　1/16　印张:11.75　字数:178千字
版次:2010年1月第1版　　2010年1月第1次印刷
ISBN 978-7-307-07430-9/G·1468　　定价:25.00元

目 录

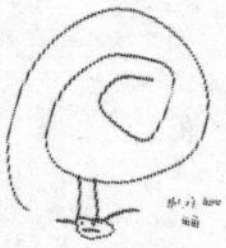

Part 1 跟你厮混在一起——闹人闹事

Part 2 塞纳河边风景异——闹玩闹乐

Part 3 闲敲棋子落灯花——闹言闹语

L'AMOUR，AU FIL DES JOURS

自　序

L'Amour，au fil des jours. ——爱，在每一个日子。几个字，说尽平生多少事。

看着眼前这句再简洁不过却言至意尽的法语，我不禁幸福地叹口气。

法文中有一个表达“l'enfant désiré”，意味着是因了父母的殷切企盼乘愿而来的孩子。那么毫无疑问，闹闹完完全全属于“l'enfant désiré”，小小人儿委实令我和闹爸以及众至亲期待良久方翩然而至。所以，我们对他的爱，在他还“无”的时候其实已经“有”了。闹闹出生两年前的一个夏日傍晚，夕阳余晖中我和闹爸在巴黎的卢森堡公园漫步，欣逢著名的航拍摄影师扬·阿尔蒂斯-贝特朗（Yann Arthus-Bertrand）在此举办“从空中看地球”（*La Terre vue du Ciel*）的展览并签名售书。应我请求，他在扉页题写了“给你们未来的孩子”等几个字。这个未来的孩子，竟令我们痴等良久。待发现“它”终于姗姗来临，闹爸不禁嗔怪道：“好你个小闹人，跟你妈一样，实在太能闹了，被你闹惨了，居然闹到现在才来。”我们立即开始以“闹闹”之名轻柔呼唤这棵刚刚萌出胚芽的小苗苗。痴心父母的这等模样，怕是要被亲爱的读者们见笑了。有一天小人儿自己也会升格做父亲，会给他的孩子看他小时候画的蜗牛小分队，可在我和闹爸柔柔的心尖上，他一直都会是当初的“闹闹”。

终于，在2002年5月末的一个中午，小马驹儿闹腾而至，从此给了我们道不尽说不完的忙碌琐碎与温馨快乐。我们是甘愿自投罗网，却得到额外奖励。爱，在每一个跟他一起厮混的日子，似涓涓清泉，像串串音符，静静流淌，平凡朴实，恰如春天的风、夏日的雨、沙漠的风暴、大海的波涛，那样自然而然，绵绵不绝。

所以朋友们完全可以相信，关于闹闹的文字记录，始于我们的初相遇，而后渐次有了他的第一次强劲胎心音，有了他出生后第一声毫不客气的哭嚎，到他如今的喋喋不休、爱与哀愁、欢蹦乱跳，直至他上了小学开始识文断字。最初的时候，欣喜与担忧并存，期待与焦虑同在，无一不真实地落在笔端，定格在被闹爸戏称为“七心育儿法”(即爱心、细心、慧心、耐心、恒心、操心、偶尔还相当闹心)的笔记本里。我想自己有这个义务帮他记取年幼时的日落星升。等到有一天长大后的他问起儿时的事，我便可洋洋得意、潇洒自如地在他面前拍出几本泛黄的日记本，酷酷地对他说一声“自己看吧”，完全不必因记忆模糊、细节缺乏而支支吾吾，更不怕他因为觉得遗憾而怪罪于我。母亲眼里的闹闹跟我小时候一般无二，可我终究无法凭此就完全了解到自己的儿时模样。于是我始终怀着双份的心意，那样好奇而惊喜地在每一个平常的日子里满怀柔情蜜意地注视和倾听他，像在观察一个小小的新世界。除了替他储存记忆，我也试图透过他的今日，回望并重组我自己那段记忆几乎完全缺失的童年。

闹闹是那样完全地信任、依恋、维护、仰慕和心疼着自己最亲爱的爸爸妈妈——他人生的首任与终身常任老师。给他以爱，教他爱人，爱始终是家庭教育最重要的一环。拥有三个出色孩子的法国女友米佳娜对我说：“能在孩子身上创造奇迹的，是父母可以无穷无尽给予的恰当的爱，而不仅仅是知识或技能的传授。”想要孩子在某一方面优秀并不难，难的是通过爱的浇灌，让他在漫长的一生中，做一个善良有情、心胸宽广、乐观自信也信任他人、有主见能辨是非、有坚强意志以及拥有其他一些被人共赏、多多益善的好品质的人。世界上从来都不存在完美的孩子，否则做父母太过轻松，断没有这么便宜的事情。所以，累一点没事，伴随成长的过程本身就是一个奇异的旅程。

闹闹两岁刚过，即懵懵懂懂随我们来到塞纳河畔，这么小就开始且听且说令他父母得以微笑着互道一声“原来你也在这里”的美丽法语。他在中法两种母语中悄然长大，身处两种文化的撞击。这样特殊的经历，使得他对各种语言文化、社会等现象格外敏感，常有疑问，常有无厘头般的创新。之所以这样详细地记录他的生活，一方面我是甘当他的义务“史记官”，另一方面，我真心地希望异域传真或许可以给我们国内的幼儿教育系统提供一些崭新的参照。即使不具备照搬的条件，是否也可以虚心借鉴一二？是否可以再多给孩子们一些真诚可亲的笑脸与关爱？他山之石，可以攻玉，塞纳河的清流，足以荡涤心灵的浮尘。我仍要说，爱孩子，是需要整个社会齐心协力方能完成的善举，爱孩子，正是爱着我们自己美好的未来。

想要郑重声明的还有一点：我写闹闹童年的点滴趣事与生活插曲，决没有半点炫耀个人幸福的意思。我们循着他天真的童眼看世界，时常有别样的发现和体验，愿意与朋友们资源共享，有趣同乐。其实闹闹之于我和闹爸，正像是我们合力撰写的一篇生动活泼但仍需在未来的每一个日子里用爱精心修改润饰的动感小书。

三年以前，当我们的留学生活更加安定一些之后，家里用上了便捷的网络，于是在大学同窗 Yvette 的力邀之下，开通了朴素的“马虎斋”博客，以 Pauline 之名写起了巴黎随笔。三口之家，我属虎，那爷俩属马，其实都归我管，可他们数量占了优势；陋室虽小，书也不多，冠名以“斋”又有何妨？在“马虎斋”，朋友们以温婉深情的目光注视着闹闹的一举一动，一笑一颦，荏苒三年矣，留下了多少令我感时溅泪、铭刻于心的诤言妙语，多少真诚的祝福和宽慰！他们一起见证了闹闹的点滴成长，见证了我们和小儿郎厮混在一起的日子，也因而见证了手中这本小书的悄然诞生。借此机会，我还是要由衷地感谢一声博客这个平台，感谢每一个曾给“马虎斋”博客留过文字的朋友，感谢每一个从来都是来无言去无声的“资深潜水员”朋友，感谢仍旧时常读我的朋友，感谢那些可能永远都不再来访的朋友。当然，也要感谢手中捧读着这本《跟你厮混在一起》的所有新朋友。如果你读着闹闹的趣事，有过会心的一丝浅笑，或莞尔一笑，或情不自禁的开怀大笑，那么，闹妈益姣在此就很满足、很自豪了。

最后，还要借此机会，特别感谢我的武大校友——才华横溢的方生，以及这本书的责编郭静女士。是方生将“马虎斋”推荐给武大出版社的郭静，进而使得我有机会将博客中与闹闹相关的这部分文字整理出来，交予更多的读者朋友们分享。这样一件美好的事情，无意中竟然交由我和闹爸曾经携手共读的母校下属的出版社来担纲实现，真像是冥冥中的美丽定数。传说中“无心插柳柳成荫”的故事就是这样写成的吧？在紧张合作、商讨、磨合的过程中，为出版事宜辛劳付出的郭静在写给我的邮件里说：“为这本书做每一件事都是快乐的。”这句真诚的话语，令我感动无言。

我还要感谢为本书设计美丽封面与版式的蓝兔子。如果亲爱的读者们于琳琅满目的书架上一眼就发现了我的这本小书继而有心翻阅，一定首先是被她所设计的封面深深吸引和打动了。我还要特别感谢来自古城襄樊的"两支好笔"：一支笔是于百忙中抽时间熬夜为本书写跋的程乐君先生，他是被朋友们昵称为洞箫的好兄长，更是最忠实的"闹迷"之一，谢谢他情深意切的美文为本书添色增辉；另一支笔是博览群书、文笔朴茂、澹泊宁静的牛宪纲先生——博中朋友无不钦佩的牛歌好兄长，他为这本小书所做的幕后贡献，无须赘述，尽在不言中。所有朋友们的热情相助，所有热切的关注与期待，都是对纯真美好的"爱"的生动诠释。

L'Amour，*au fil des jours*。——爱，在每一个日子，跟你厮混在一起。对，就是这样，如弦乐三重奏，共同奏响一支轻快明朗、宁静悠远的小夜曲。

郑益姣

2009年9月22日于塞纳河畔，小城Antony

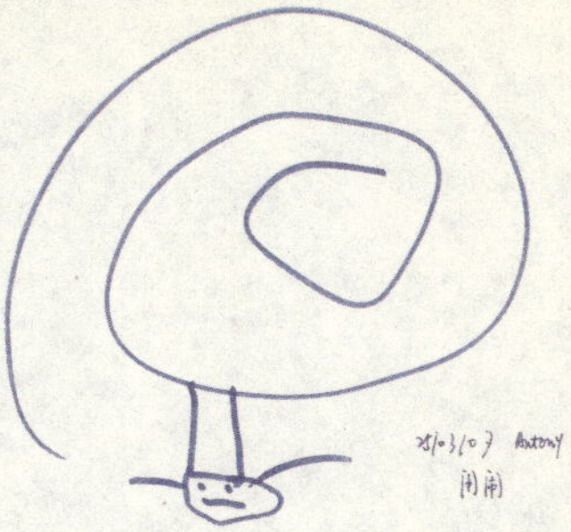

Part 1

跟你厮混在一起——闹人闹事

闹闹不要如果

当早晨的第一抹阳光照进闹闹的小床时，小人儿便醒来，叫了声“妈妈“后，睁眼看着天花板，不知在遐想什么。

我忽然问他：“闹闹，如果你有栋很大很大的房子，你会让爸妈去住吗?”我满心期待着他一口答应。

出乎我意料，他竟然犹豫不语。怎么可能呢？这么难回答吗？啊，孩子大了有私心！我很是失望，仍然保持平静的语气，重申了一遍方才的问题。

“不让”，这回他肯定地说。Ingrat（没良心）！我心里说。虽然颇为扫兴，但我很想知道他如此决定的原因，于是再问他。

闹儿的神情带着些羞涩，回答我：“因为都要在212住呀(我们的房间号)。”

闹爸闭着眼插嘴说：“原来是要老头老太住这里，自己住大房子。”我愈发失望，又着急地追问了一遍。

小人似乎也急了，大声宣布：“就要在212，爸妈在212，闹也要在212，闹要跟爸妈在一起！”

我突然无语。原来我们小小的闹闹无大志，不懂得假设自己有了大房子后的情形，他只要跟爸妈在一起，而我却以大人的复杂与虚荣，刻意制造了差点儿曲解孩子之纯真的误会，好浑呀！

我亲了亲他那刚从梦中醒来的温热的小脸蛋儿，满怀羞愧，不敢直视他明亮清澈的黑眼睛。

（2006-03-21）

都是火车惹的祸

复活节假期将结束，我和闹闹离开 Amboise① 小城，离开热情善良的法国爷爷奶奶，乘火车回巴黎。

下午两个小时的火车，闹闹一开始愣是调皮，坚决不接受我让他小憩片刻的建议。硬撑到最后一刻钟，实在不行了，眼神迷离，打着哈欠嘟哝了一句“没有床”，随即酣然入梦，再不管你吹的什么东西南北风。我不禁失笑：都什么时候了，对生活的要求也不降低。

车到站，横抱着闹闹下去，与闹爸会合。我们索性在候车室坐下，打算等他醒来再走。可惜女广播员的声音太过嘹亮，不许小人不醒。茫然睁眼，看见老爸，小家伙不仅没有表现出我想象中的惊喜或嫣然一笑，反而哇哇大哭，喊着：“不回家，再也不回家了，要回爷爷奶奶家……”原以为这只是午睡被惊醒的不爽所致，稍后就好的，没想到一路回家近四十分钟的行程，颠来倒去他就这一句话，眼里饱含泪水，任我俩怎么劝慰，也不能说服他。这情形发生在闹闹身上，实属罕见，他可从来不是个没完没了的孩子。唉，我先服了，上火车前他可是满心欢喜想再见到爸爸的。瞧这一觉睡的！瞧这朝秦暮楚的小屁孩！瞧那孩童才有的执著劲儿！

令小人儿魂牵梦萦不思归的，竟是朋友家的那些电动火车模型。闹闹对火车的爱，执著、单一、废寝忘食。请原谅他的无暇他顾吧，就为他那近乎令人心疼的单纯。让我们来看看这些天他是怎么过的。

出门旅行的时间定在周六，周四的早晨我为了鼓舞闹闹的斗志，提前告诉他要高高兴兴再去托管中心两天，后天就可以坐火车旅行了。小人问我：“今天是

① 昂布瓦兹，法国中部卢瓦尔河畔的一个历史文化旅游名城，有法王弗朗索瓦一世的城堡。达芬奇被法王邀请来法后，一直在该城居住度过余生。

后天吗?”被否定后，又问我：“是坐 TGV 吗?”仍遭否定，被告知是 train classique，传统型的。闹闹很开心，可是后果很严重：当天晚上就哭了一次，要求出发坐“统型火车”；次晨不到七点就醒来，要求穿衣出门坐火车，结果又滴了眼泪。闹爸批评我严重失策。

好不容易熬到周六早晨，闹闹自己早早收拾妥帖，等在门口催我俩。去火车站的途中两次换地铁，小人都问我：“这回是‘统型火车’了吧?”神情很紧张。我纠正多次他才加上了“传”字。最终上了火车后他才定下心来，但是那张小嘴始终没怎么停过，比较、评论、提问，我真怕他累坏了。

抵达 Amboise 爷爷家后，好奇宝宝对餐桌上的美食完全不感兴趣，楼上的玩具却立刻勾走了他的视线，真是术业有专攻啊。闹闹发现了储藏室里的各式电动火车模型与铁轨，那可是朋友家老少几代男人们的心爱之物。从此你就只看见一个不到四岁的小屁孩反反复复往旋梯上爬，从此任何美妙的食物或者出游的建议都不能令他雀跃，从此你就只听见他不时地叫：“Théo，viens(来呀 Théo，爷爷的孙子，下同)”，“Vincent，viens(来呀 Vincent)，“Papi，pourquoi le train ne marche pas(爷爷，为什么火车开不了呢)”；从此你就常听见他不无遗憾地念叨一句：“唉，就是缺了 TGV(高速火车)”，当真要让听者发狂。当晚爷爷索性将安置铁轨的木板及所有已经被小人找出来的火车模型搬到了我们娘俩休息的房间，后果便是：最后我只好以“你再不睡觉爷爷要把火车拿走了”才将他骗上床。黑暗中他还跟我强调：“妈妈我们不那么快回家吧，要在这里玩很久很久，那么久……”枕边压着两个火车头，小人终于入梦了。

次晨，闹闹一睁眼就蹦下床，我好不容易才将他捉拿归案，穿上衣服，洗脸吃饭。可是他干什么都心猿意马，仍是千方百计挣脱身子爬上楼躺在火车们身边，推敲，运行。由于“Pourquoi le train ne marche pas(为什么火车开不了呢)?”的反复次数实在太多，谁也受不了这种折磨，飒爽的奶奶一声令下，她的两个年近四旬的儿子和大孙子立即回归童年，找出更多的各式火车头、车厢及开关接线等物，经过一番调试，有几节火车头终于能跑了，有最早的燃煤机，有内燃机、电机，有“大男孩”和“鳄鱼”。闹闹趴在旁边，兴奋莫名，学着他们说：“Bravo，génial，magnifique(太棒了)”，等等。以至于我后来只能强行将他抱走，去美丽小城的市中心逛了逛，一路上他仍反复说着："要回家玩火车。"真是走火入魔了。

复活节的次日，因为爷爷的一众孙子们都走了，家里冷清下来，尤其到下午，可能是困倦了，闹闹开始说："要回爸爸家。"还找理由，说："爸爸太可怜了，他一个人。"我问他难道不要火车了，他看来有点犯难，问我："可以带走吗?"我的否定令他更发愁，但最终他还是选择了"要爸爸"。话必，他竟睡着了，从下午六点一直睡到次晨，原来专注的爱是相当耗神的。

早上，闹闹却又变卦，不回家了，想要继续玩火车。这般摇摆，甚至弃"可怜的爸"于不顾，还矢口否认当天是"mardi（周二，那是他跟爸爸约定的回家日期）"，全拜这些有魔力的火车所赐。幸而到了下午他又高高兴兴地坐奶奶开的车去了火车站，对火车不能带走的决定倒也没有表示太大的遗憾。这对法国爷爷奶奶膝下八个孙辈中已有六个男儿（其中一个仍在母腹中），所以对火车的需求之强烈可想而知，闹闹还是很讲道理的。只是那日自梦中陡然醒来，所有心爱的火车瞬间俱已无影无踪，实在让他无法接受这现实的残酷啊！

返家已两日，只要是一说出门，闹儿还是立即问一句："是去那个有火车的家吗?"嗨，真不忍心打击他，可惜他得学会接受，我只能偶尔打开录像让他看看，画饼充饥、望梅止渴而已。

当真是爱到尽头，覆水难收，可怜闹闹这么小，竟已经历。

（2006-04-21）

拒绝艳遇

还是在 Amboise，那天我们在达芬奇故居参观，闹闹正在壁炉前喋喋不休地问东问西，旁边一个约一岁半大的可爱小女孩见了他，踉踉跄跄地直奔他走去，要拥抱他、亲他。闹闹却节节后退，怎么也不愿意接受，却没法摆脱，惹得众游客均笑。最后女孩的父亲只好将她抱起，可她还一直冲着闹闹咿呀地喊，却听不清究竟说些什么。闹闹无辜地问我："妈妈，为什么她总要追着我呢?"

有缘的总会再相逢，后来在院子里，我们果真又碰上了。小女孩一看见闹闹，咿呀喊叫，立即又追将过来，直将那鼻涕未干的小脸蛋往他脸上凑。闹闹却不停说着："Non，non"，一直退到围墙边上，再无处可逃。那一幕围追堵截的情景，真是可笑。我扫了一眼大院子，奇怪，并非只有闹闹一个男孩子呀，还有好几位小帅哥呢。想来这样的天生好感，情有独钟，该是前生数世累积的缘分吧? 也许人世间的爱当真是不分年龄的。女孩子是看见了那"在千万人中/ 也绝不会错认的/ 背影"吗? 可是有缘无份，闹闹小儿坚决拒绝众所期待的艳遇，辜负了女孩儿的一片痴心哟。小姑娘最后又被她妈妈强行抱走，否则闹闹避之不及，只有逃往山下了。众人纷纷含笑称奇，而我，却蓦然想起那一棵落寞开花的树：

而当你终于无视地走过
在你身后落了一地的
朋友啊 那不是花瓣
是我凋零的心

吼吼！

(2006-05-01)

最是那一低头的娇羞

最早一次看见闹闹表现他的害羞，是他八个月大时。有个孩子的妈妈连夸了闹闹好几声诸如“这孩子长得真好看”之类的话，小人儿竟然像听懂了似的，羞羞地笑起来，眼眯成了一条缝，低头扑在我肩上，片刻后又猛然扭头去看那位妈妈，一笑，再扑回我的肩上，如此多次反复，逗人玩呢。

前两天，朋友送来一件红色带帽子的防雨薄外套，后背有一只绿色的大青蛙，前面左下角口袋处也有一只小小的绿蛙儿。我知道他一定会乐意穿的，因为从去年春天开始他就自定义为“pompier grenouille（青蛙消防员）”，且经久不改。果然，当我拿了衣服给他看时，小人开心地连声说：“要、要、要”，美滋滋地穿上身，用手不停地摸着绿蛙儿，反复问：“为什么闹闹爱穿呢？”我知道他想要什么样的回答，蹲下身子，抚摸着他的脑袋说：“因为呀，闹闹是真正的青蛙pompier！”小人扭头羞笑，故意不看我呢！

周六全天，红十字会的义工在街头募捐，行人与等车的司机都纷纷解囊，很不同于往日面对乞讨者的漠然或无奈。我领着闹儿也走向了一位小伙子。闹闹把钱币投入箱子后，那人将一个“croix rouge”（红十字）标志贴在了闹闹衣服的左胸口。小人非常开心，却不明所以，一个劲地问我为什么。我告诉他，因为闹闹善良，帮助了有困难的人，于是叔叔给他这个标志，表示感谢和夸奖。一路上，闹闹常常用手去按一按，硬硬的还在（孩子就是孩子啊，藏不住事儿）。迎面走来的人或车上对面坐着的乘客见了他这模样儿，总是会心地露出善意的微笑。闹闹却不好意思了，低下头，手仍然不离开他周六获得的特别礼物。看着他可爱的小模样，心头涌起的，却仅有这么一句：

最是那一低头的温柔，恰似水莲花不胜凉风的娇羞。

（2006-05-22）

不要妈妈说这些

闹闹历来是极其维护他爸爸的。虽说现在他有时候生气了也会故意说：“坏爸爸”，可要是我问他：“爸坏不坏?”他一定说：“不坏”，甚至来一句：“我不要你这样说。”当然他也从来不允许爸爸说半句妈妈不好的言词。

有段时间闹闹不时咳嗽，有时看他咳得难受，我无端生气，忍不住说：“都是你爸的坏遗传，真是坏遗传!”没想到闹闹尽管不明白何谓遗传，直接的反应就是很不高兴地说：“不要妈妈说这些，不要你这样子说，就是好遗传。”说完用被子蒙上脸以示抗议。若是我再无聊，问他跟爸妈哪个好，他会说：“一起好”，便扭过身去，不看我，小小的身子显得颇有些落寞。我问他家里谁最漂亮，他笑着说：“一起漂亮。”昨天我有点伤心自己容颜老去(女人的通病嘛)，不明就里的闹闹却连连安慰我说：“妈妈你别难过，会好的。”闹爸禁止我再拿这类愚蠢的话题去刺激闹闹，因为小人儿在这方面真是太善良而敏感了，是个性情中人呢。我那可爱的孩子，他那小小的善感的心，我可要好好呵护。

记得曾经有一天，我和闹爸讨论着什么事，不知何故各自都提高了声音的分贝，坐地上玩的闹闹嫩声嫩气地介入了：“爸妈你们不能吵架呀。”我和闹爸均吃了一惊，立即收声，安慰他我们并无吵架，只是大声讨论而已。我心里疑惑，问他：“为什么我们不能吵架呢?”那时还不满三岁的小人儿手里还拿着玩具，神情似有些忧伤，回答我：“因为你们还有小孩子要照顾呀。”彼时的闹妈闻此，似乎心即刻碎成了一瓣瓣。

闹妈自责之余，深深体会到了家庭的安宁温馨对幼童的重要意义。贫穷还是富贵或许没得选择，我们可以做到的是，要在有形的屋宇下给孩子搭建一个充满爱意的平静温暖的家，让他自在无忧，让他在父母的关爱下享有充分的安全感，那是为父母者最应该首先创造的。

(2006-07-12)

闹闹的礼物

闹闹给妈妈的礼物，常常就地取材，令你忍不住要笑，又因他纯真的童心而感动莫名。

放学的时候，在扑入我怀之前，他时常会先将手举过来，不无兴奋地说："妈妈，看我给你的礼物。"那会是些什么惊喜呢？一根小木棍，两片枯黄的树叶，三棵嫩绿的小草，四朵洁白的小花，五粒丑丑的鹅卵石，…… 甚至，是满兜子的沙土！我通通笑纳，而且还要在一定期间内妥善珍藏，因为他偶尔会盘查一下："妈妈，上次我给你的××礼物你放哪里了？"那些可爱的礼物，一开始我以为是老师统发命令让孩子们采集的，观察了多次，发现是闹闹的独特创意。那个小人儿，在课间休息的时候，采集了他认为美的礼物，小心地收藏着，任凭上课下课、穿衣穿鞋的忙乱都没有忘记带出来给我。每回看他坐在条凳上等，手里握着把枯树枝，着急地探头探脑向外张望时，我都禁不住乐开怀，欣慰无比。

进入暑假，闹闹白天在儿童娱乐中心托管。一天傍晚我去接他时，他正在同一个名叫纪尧姆的年轻辅导员说着什么。有个小伙伴告诉闹闹我来了，小人立即转身跑过来，满脸含笑的他一只小手使劲往裤兜里掏。我知道肯定又有"礼物"了，便蹲下身子耐心等待。一颗，两颗，…… 整整十五颗小小的、脏脏的、幸而是干干的樱桃核！"妈，礼物，是我给你的礼物！"满头大汗的闹儿兴奋得小脸通红，鼻尖也亮晶晶的。当我骄傲地对旁边迷惑不解的纪尧姆解释缘由时，小人却立即羞羞笑着转过身去，双手捂住了脸。

真要谢谢我的小宝贝，在这酷热的日子里，小小的他在忘情玩耍时还想着妈妈，用他嫩嫩的小手，自草丛中捡拾起一颗颗他认为可爱的东西，记挂着要在一天的分别后重见妈妈时立即送给她。在这炎夏里，手心握着闹闹微薄的厚礼，我亲亲他热乎乎的小脸蛋，享受着小人儿在我心尖抹过的那一丝清凉，快乐无边 ……

(2006-07-18)

轻易不要生离别

孩子很小的时候，父母与之分离，对大人孩子双方都是痛苦难言的折磨。父母心里充满无尽的牵挂，孩子虽然懵懵懂懂的，但是由于对父母，尤其是对母亲有着天然的依恋，所以分离对他们也有着不可估量的影响。那种情感的损失，倘若洞太深了，很难修补。有种说法，婴幼儿同母亲别离三天就会产生心理障碍，也许不是不可能。我常想，死别乃天意，是人所不能控制的，而生离，则尽量能免则免，尤其是对少不更事的孩子而言。

一、母子

闹闹自出生迄今，与我的分离仅有两次，长的一次在他一岁一个月到三个月之间，我独自在法国两个月；另一回只有短短的两个晚上。在岛城几年，工资微薄，陋室窄小，惟一的好处即是闲闲地养育了闹闹。因为上班近，时间短，所以我每天都有大量时间跟小家伙厮混在一起，看着他一点一点地变化。选择第一次离别，内心斗争了很久，闹爸鼓励我出去短期进修一下，且拍胸脯担保闹闹有他在，还有外婆和保姆，绝对没问题。我离开时小东西还不会说话，也还不会走路，光是变着花样满世界爬，而且每天早上不到五点就随着夏天的第一缕曙光起床，喝完奶以后小手就势往大门一指，意味着“出去逛逛”。我狠了狠心终于决定小别一下，毕竟父母双方还有一个在场，而且两个月的时间并不算太长。出门那天，看着爸爸和我上了出租车却没有带上他，可怜的闹闹怎么也想不明白呀，他在外婆怀里挣扎着哭喊，令我不忍回头，泪下成行。

自从那棵小小的苗儿在我心窝里开始发芽，直到我这次离开，整整两年的时间里，我这个睡觉向来如猪一般踏实的人从此就再没有过一觉睡到天亮的美梦了。可是这一次离别，终于可以睡个完整的觉了，睡醒了的我却总是怀有深深的负罪感：我的小小的孩子，你好吗？你想妈妈吗？你会忘了我吗？你摔跤了吗？

你吃饱了吗？你会着凉吗？你长痱子了吗？你爸爸那个马大哈，能照顾好你吗？……一千个疑问！每天闲下来，便是想、想、想，无尽的想！那时候家里还没有用MSN，幸好电话联络已经方便很多，可是小人儿还不会说话，电话里只听见他咿呀乱喊。母亲告诉我，那时候闹闹每天都要拖着她到屋子的某个角落里，让她拿妈妈的照片给他，且模仿打电话的样子，之后才安心。闹爸后来则告诉我，小人儿看见别的孩子跟妈妈在一起时眼神很忧郁。有朋友闻之笑说未免夸张，可我信。闹爸甚至认为，头一晚我回到家，虽然小人儿跟我还很有些生分，但是睡觉方面已经立即比之前两个月的任何一夜都安稳好多。

我不在家的六十天里，夜间闹闹是爸爸照顾的，闹爸坚持如此，一方面是考虑我母亲体弱，夜里休息好白天才有精神，另一方面他也是希望替我更接近小人儿。可是那个夏天的夜晚，也幸好是夏天，闹闹可没少将爸爸当作花儿树儿来浇灌呀：我在家时，即使是在梦中，只要察觉到他一扭身，就知道小人儿想尿尿了，一端就得，所以几乎从来不必塞尿布的，尤其在夏天。可是我们那亲爱的闹爸，他哪里有这种为母亲者的直觉和敏感呢？所以每每早上起来，他发现自己的胸前湿透了，闹闹自己却毫发未湿，依然干爽。我听了，想笑又想哭。母亲，是不可替代的。

那两个月，在我，真是相思无药，除了一天几百次地看照片，便是在课后到公园里去看那些与闹闹年龄相近的孩子，以解相思。离返家还有半个月左右，闹闹狠狠地感冒了一场，家里并无告诉我，可我感应到了，因为我睡不安，噩梦连连，心发慌。也正是那次返家前夜，我平生头一回对坐飞机产生了莫名的恐慌，翻来覆去就想一件事："万一……我那幼小的孩子怎么办?"后来回到家，听着母亲对小家伙病中状况的描述，我不禁泪水长流。等我下了飞机，飞快地走到出口，闹闹在爸爸的怀里羞羞地看着我笑，竟然立刻就准许我抱他，前提是爸爸不能离开半步之遥。就在我回家前一天，闹闹终于可以不需扶持而自己直立行走了。邻居们都说这是给我的最好礼物，可我在高兴的同时，却深深遗憾，因为没能亲眼看到小人儿他迈出的人生第一小步，也是从爬行到直立的这一大步。

前些日我在博友小小那里很震撼地看到她因为爱而从孩子一岁开始就立遗嘱且频频修改的事，也读到另一位母亲丁香有了孩子后"心不再完整"的体验。果然，天下但凡正常的母亲，对儿女的情感都是相似的。母爱不同于深沉的父爱，不同于博大悠远的祖父祖母爱，绵绵母爱乃是母亲日夜的琐碎与温情，是母亲的十指日复一日轻柔的抚触，是母亲的双眼永远温婉的凝视。我仍要说，母爱，是无可替代的。每一次，在享受着为母亲者的幸福时，心里也无限感激着我自己曾经享受到的来自母亲的深爱。

二、父子

幸好我跟闹闹的感情修复很快，也许那两个月对他来说只是很短的一瞬吧，毕竟那时他还小，没什么很深的记忆，而且，我相信母子连心。可是我回家一个月后，闹爸又要长期出门，一走九个月。其实那时候我可以选择跟他一起走的，可我毫不犹豫地放弃了。学业是重要，可是比起孩子的幸福，什么也算不上。要我将小人儿撇下给祖辈带，自己两个人去上学，我宁可做个温柔而幸福的文盲。生活毫无疑问常常是有许多无奈，可是幸福不能总被预支在未来。在拥有闹闹之前，我有个邻家小女孩，四个月大时爸爸去了美国，七个月时妈妈去跟爸爸团聚，身体还算硬朗的爷爷奶奶一直养她到两岁才送过去。孩子看小女伴喊妈妈，她跟着喊，不懂得难过，因为妈妈对她来说并没有什么直观的概念(也许这样还好些)。看到这情景，我的心真的很痛很痛，那是我完全不能赞同的一种生活。孩子的童幼年多么短暂，这样就流逝了吗？这次轮到我自己进行选择，我和闹爸达成共识：某种程度上的牺牲是难免的，可是孩子有我陪着，还不至于太无辜，而且，他已经进入生命的第二年，变化不会像一岁以内那么巨大，闹爸虽不能天天见，若常有照片看看，九个月过得也快。

可是闹闹小儿一定曾有过很深很深的痛苦体验，只是他表达不出而已。那时候，他一岁四个月，已经能说三十多个字词了，闹爸离家前那些天，“妈妈、爸爸”四字更是像挂在嘴上似的，不停地喊。然而从闹爸离开的第三天开始，这四字换成了“妈妈、外婆”，很长时间里再也听不见他喊“爸爸”二字了，真让我闻之心酸。他那小小的心灵，是无论如何搞不明白的，为什么妈妈刚回到身边，何以那天天领他玩，疼他、爱他的亲爱的爸爸怎么又突然不见了？而我，只能每天让他看看照片，告诉他爸爸在哪里，告诉他爸爸爱他、想他。后来当闹闹的语言表达更丰富些时，他会笑着很夸张地说："爸爸，想！"或是"爸爸，法堵(他故意将"国"字错念，不知何故，念完了自己咯咯笑)！"他似乎还明白爸爸总是出现在电话里，所以搬不动东西时，他便跑过去拿起话筒，小手在我的随便一个什么本子里哗哗翻两下，然后说："爸爸，推一下。"有时候我们凭窗远眺，看见戴眼镜的男士走过，他会满怀期待地问："是爸爸吗?"以至于后来若在电视里看到戴眼镜的，胖胖脸的，有些肖似闹爸的男子，他会惊叫："是爸爸"，然后便跑过去亲屏幕。原来他是那么地想念爸爸！偶尔看见邻家小孩由父亲抱着，小人儿会恳求："叔叔举高，举一下。"这一切，莫不让我心疼难言。闹爸呢，他所受的煎熬绝对数倍于我们。来到巴黎后，我在他的一个阅读笔记里发现了他在深夜写给闹闹的信，看得泪流满面。他写道："不愿回宿舍，黑洞洞的，多希望你从里边跑出来，后面跟着妈妈。爸爸很后悔没有更多更多地抱你，为什么要将你放进童车里推呢？我应该紧紧抱你才是！…… 二十年后，你在此(指蓬皮杜图书馆的二楼平台上)看到的彩云，也曾抚慰过爸爸当年心中难以名状的痛楚和无奈，它会告诉你，2003 年十月的傍晚，那一年巴黎的初冬，在陌生的面孔中，对着花都的万家灯火，爸爸在这里是怎样地思念着你和妈妈……"

九个月的时间总算熬过去，我领着已经两周岁的闹儿去机场接闹爸，尽管他此时长发及肩，猛然自梦中醒来的闹闹还是立刻认出了他。闹闹羞羞笑着，连连说："是爸爸，真的是爸爸"，笑开了花。若真能像这样，一觉醒来就重见千思万想的人，该有多美妙！从此以后，不再要这样折磨人的分离了！

三、祖孙

我想闹闹真是被妈妈爸爸分别离开弄怕了，以至于后来闹爸不在家的那段日子里，每回我们和外婆三人出门，我怀中抱着的小人儿总要连声呼唤："外婆下车、外婆下车"，生怕我母亲被车带走。2004 年春节，闹儿一岁半，我们祖孙三代一起回到了南方的故乡小村。我母亲在城里呆了两天先回了乡下，闹闹和我则多住了一星期才回去。在汽车上，小人儿一直睡到快抵达时才醒来，跟我和姐姐很开心地说笑。进村口，透过车窗一眼看见早在那儿迎候的外婆，毫无预兆地，闹闹忽然放声大哭："外婆、外婆 ……"闹闹泪流满面，扑到她的怀里去，紧紧靠着她的肩膀不停地抽噎，似乎在一吐因失而复得而交集的悲欣，惹得本就近乡情怯、强忍悲痛的我也止不住地倾洒热泪，拉着爷爷的手说不出一句话来。原来那一个星期，这个小小的孩子心里一直装着丢失了外婆的恐惧呢，而我却如此忽略，我那可怜的宝贝！幸好他很快忘了这事，全心全意地投入新发现的快乐里，和家里众亲邻的接触中，完全不怕生，总是笑眯眯的，多少慰藉了好多颗永远疼痛难愈的心。

后来有一次我因事趁周末回了趟老家，闹闹倒挺乖，知道什么是无奈。外婆问他："妈妈走了，闹怎么办?"他立刻回答："闹跟外婆玩。"我母亲再问他："那要是外婆去上海了，闹怎么办?"他又回答："闹跟妈妈玩。"再问："要是妈妈上班了呢?"他说："闹跟阿姨玩。"这样明晰不乱的推理让听者唏嘘不已。不久以后，我母亲还是因事先于闹爸返家前就离开我们去了上海，闹闹从次二日开始很长时间再也不提"外婆"二字，他显然气生大了呢。直至一个多月后的某天，看见我在小凳上放了个软垫子，小人儿惊喜地过去拍了拍，说："外婆垫子"，因为我母亲总那样坐着看电视的。初到巴黎时，有一回，在地铁的通道里看着墙上花花绿绿的广告，他忽然欢喜地叫道："妈妈，看，外婆拖鞋。"那嫩嫩的声音，满怀思念，听者神伤。

（来法两年，其实他也有些忘了外婆，而爷爷、奶奶，只见过一次面，现在电话里叫，视频上也看见，但是说实话他不太懂。给我的提示即是，在一起生活才能培养出深厚的感情来，所以那些生了孩子便全托给爷爷、奶奶带的父母，戒之。）

四、三人行

来巴黎以后，遭遇再多的困难，我们都不觉得苦，因为三个人在一起，因为不再有揪心的牵挂。闹闹在爸妈完整的荫护下，也跨过了一道道坎，慢慢地快乐长大，他的情感认知能力也一天天地提高。近两年的时间里，他没有离开过我一夜，跟闹爸则有四次之多。第一次，三岁多的闹闹在朋友家不肯睡觉，哭吵着要回巴黎，要回爸爸的家；第二次，四岁前，小人儿去了 Amboise 小城数日，一开始他对火车的超级迷恋以不可阻挡的势头掩盖了对爸爸的思念，第二天晚上才想起来，说爸爸一个人很可怜，要回去陪他；第三四回都是闹爸因事去了波尔多，第三次时间长达一个星期。已经上幼儿园、快满四岁的闹闹每天都问爸爸的去向，夜里在床上翻来覆去睡不着，用法语来来回回自言自语道："Je suis triste, je veux mon papa."(我很难过，我要爸爸)令我动容。直到现在，他偶尔还会突然想起来说："我不想爸爸去波尔多，我再也不要波尔多了，要把波尔多给扔了。"这倒好，著名的葡萄酒之乡就这么被闹闹记上了他私拟的黑名单，有冤无处诉，这还是迄今惟一一个让闹闹觉得不爽的法国城市。小孩的感情是单纯的，真来不得半点含糊。

"爱过方知情重，醉过方知酒浓"，因为有爱，所以生忧。与孩子朝朝暮暮相守，固然琐碎，亦有烦恼，尤其不可能所有的日子都欢笑。可是，是我们父母把孩子带到世间的，所以爱他、呵护他、培育他、陪着他长大是我们的职责和莫大的幸福享受，没有理由抱怨和逃避。可是世间竟仍有那么多完全不顾及孩子的感受、肆意作践生活、无情摧毁孩子快乐世界的父母，实在可恨、可悲。然而也有无奈地被迫历经生别离之痛的父母与孩子，他们则是某些时代的无辜牺牲品，正因如此，他们那已经被时间湮没了的、无法慰籍的苦痛，听来尤其令人唏嘘。

(2006-07-14)

闹闹上学记（1）

一、托儿所

直到现在我仍然难以忘记闹闹上学初期那双迷朦的泪眼。他的泪挂在脸上，我的泪流在心里。将孩子拱手交给学校、交给社会的瞬间，母与子再次共同经历了剥离的痛苦。实际上，因为在上托儿所和上幼儿园之间存在地点的变换及一个月的时间间隔，这痛苦便又增加了一次。我实在不是个坚强的母亲，虽然表面上像那么回事。正因如此，我从内心里感激那些极为耐心地帮助孩子安然度过适应期的保育员和老师们。

2005 年 2 月，两岁半的闹闹被“松果”托儿所接纳进去接受学前适应。每周仅隔天的两个上午，根据家庭收入状况付费，因为我们是学生，按最低限度交纳。托儿所共有十位工作人员，其中一位是心理医生，偶尔还有实习生。平时孩子人数最多时也不超过四十人。头三天是适应期，有一位保育员被指定为闹闹的代妈。第一天半小时，我在场，小人完全不知道大人的阴谋，在新环境里玩得忘乎所以。次日我在场一刻钟后，告之妈妈去买些东西即回，他答应了，我二十分钟后返回，他仍然陶醉在新奇的玩具里，未哭，我窃喜，以为大功告成。第三天因为我有课，换了闹爸送去，被要求十分钟后离开，四十分钟后返回。结果等他回去时，小人在代妈的怀里已经哭得上气不接下气，满脸通红，眼泪鼻涕擦也擦不尽。见到爸爸，他才慢慢地止住了哭泣，肩膀仍然一耸一耸的。代妈解释说一直都挺好，接近最后一刻钟时，大概与一个小女孩争玩具，被她打了一下，他才惊觉父母都不在身边，放声大哭。那是闹闹自出生以来头一回独自处在完全陌生的环境里，加上语言不通，他的惶恐是可想而知的。而许多法国小孩从三个月开始就在托儿所里度过他们的白天，当然比较适应集体生活。我无比佩服那些孩子们的母亲，佩服她们的坚强与勇气，但我相信她们在放下幼小的孩子转身离去的瞬间，似乎不可能没有一丝无奈与痛楚。

清楚记得这天是周五，晚上闹闹开始没来由地发烧，小小的身体滚烫滚烫的，无力地歪在我身上呻吟，不时还悲切地说一句："我好可怜。"次日略有好转，周日下午重又发烧得厉害，到晚上转为剧烈的咳嗽，一整夜完全无法入睡。周一去看了儿科，服药，但他晚上的咳嗽丝毫未减，实际上这是他出生以来最严重的一次。仍然是一夜无眠，而我的痛苦，更在于看着孩子受罪而无能为力，恨不能替他。那么小的娃娃，竟然连着三晚没睡，脸明显地瘦下去。他没有更多的表达，只在呻吟与咳嗽的间隙里软绵绵地说一声："我难受，我可怜。"周二上午，我本着别传染其他小孩的良知给托儿所打电话，想取消次晨的入托，没想到对方认为只要早上发烧低于38.5度，就还是应该送去，否则先前的适应等于白费，重新开始的难度将数倍于首次。看来她们见得多了，显然更深谙其道，处理方式却迥异于国内。就在我跟闹爸议论的当儿，闹闹突然大喊；"不上学！不上学！"接着便是涕泪齐流，间以剧烈的咳嗽。此时我开始有点怀疑他的病可能是恐惧而致，或者是根本不用学的、某种潜意识激发的威胁。想着还得送他去，便开始给他恶补最实用的法语，所以闹闹在法国会说的第一句严格意义上的法语是：le nez coule(流鼻涕了)。这实在太让人痛心了，可是没办法。幸而当晚闹闹折腾一阵后，突然咳嗽减轻，能够睡得长久些了，药终于发挥了作用。

次晨闹闹的体温是38度，我狠着心肠把他送去。虽然病着，可他以为是要去什么好玩的地方，一开始还是挺高兴的，尽管疲倦，仍然好奇地张望。到了托儿所门口，小人儿才惊觉不妙，瞬间哭得梨花带雨，使劲想要挣脱。看到他这么哭，我心如刀割，可是，孩子，妈妈不能永远捧着你呀，即使我愿意。狠着心给他换了鞋送进去，交到代妈手里，任他哭声再紧，我转身仓皇逃离，泪却无法遏止地倾泻而下。

待我两小时后去接他时，一进门便看见小人儿无力地偎依在代妈的怀里轻轻地抽噎，眼睛鼻子都红红的，一看见我，万般哀怨地扑过来，哭叫着"要回家！要回家。"唉，好没出息。这一上午，据说中间只停了十几分钟没哭。他还病着呢，可怜的小东西。

这一病，差不多一个月才完全康复，而每回送他去托儿所，都是一进更衣室便眼眶发红，可是到了里边，偎在代妈身上后，闹闹却哭着大声喊："妈，你走，你走呀！"有时看我停在那儿犹豫，他喊得更大声。两岁多的他已经知道有些事情不可避免，便默默选择了接受，虽然很是无奈。那段时间，常常是闹爸去接他回家。他避开孩子跟我多次说过，去接闹闹时看他泪眼朦胧实在是无法形容的一种折磨。不过一出托儿所的门小人儿就开心了。那段时间，闹儿骑在爸爸的肩头，一路问答或诵读，父子俩倒很是增进了感情，极大地弥补了过去九个月分离造成的缺失。

直到入托将近两个月的某一天，闹闹看见我进门去接他，跑过来拥抱了我却不急着拖我回家时，我明白他终于适应了，如释重负。于是家里常常有个小人摇头晃脑地边玩边唱着托儿所学的歌谣，最先会的是"蜗牛之歌"："Petit escargot，porte sur son dos，sa maisonnette：aussitôt qu'il pleut，il est tout heureux，il sort sa tête，ding！"（小小蜗牛，背着他小小的房子。天一下起雨来，蜗牛就分外高兴地伸出了脑袋，叮！）代妈后来告诉我，她们教了很多歌曲，闹闹都记着呢，音乐一响，他就会跟着唱起来。

七月，托儿所里因为很多孩子们离开显得有些冷清，闹闹便又常常生出不去上学的念头来，我们没有妥协。最后一天我们去接他，看着他跟所有的保育员拥抱再见，我的眼睛也酸酸的。闹闹出了门，我要他给托儿所一个飞吻，结果他直接将嘴贴到了玻璃门上，刚巧被胖胖的主任捕捉到了，她也很感动地笑。接下来的一个月里，每次逗问他是否去上学，他皆大喊一声："我毕业了！"当然这词是我们曾经教给的。大约五个月之后，圣诞节前，我利用假期领了闹闹回托儿所探访。第一次他的代妈不在，闹闹没说什么，可是眼睛里分明有些失落。隔了几天再去，一进门，闹闹忽略了所有身旁经过的其他保育员，飞一般直扑到坐在屋子最深处的代妈怀里，拥抱她、亲吻她，那场面令所有在场的大人都动容。代妈毕竟是闹闹在这异国他乡离开父母的荫护时最初的信赖与依靠。

二、幼儿园

入园手续是2005年3月份就办完了的，有住址证明、出生公证及疫苗注册本就行，在法国，幼儿园已经属于免费的国民教育。可是9月开学的前一天，由于我的疏忽，闹闹学蹦跳时却将额前磕掉一大块皮，所以可怜的小人顶着块红印记开始了他今生的学堂生涯。我的心痛和懊悔，无法言说。

原以为经过了那六个月托儿所的适应，上学应该不会太困难，没想到情况比我们预想的要严重很多。若没有这六个月，肯定更糟糕。第一天我和闹爸都陪着去了，闹闹也很高兴，可没想到爸妈是要离开的，立即开始哭，喊着："妈，你别走呀！"老师将他抱在怀里安慰着，要我们赶紧离开。那时候闹闹只是众多哭泣的小孩中的一个，院子里一片呜咽声。我心如刀割，惆怅离开前，倚门偷窥，被大孩子的妈妈劝诫，赶紧走开，据说要不然我心底的软弱孩子一定能够感应到，并且从此会以之作为威胁我的强力武器，点我的死穴。

第一天放学去接他，果然是泪痕犹在，鼻涕未干。我不能说老师照顾不周，毕竟那是学校，不再是托儿所，一个班有二十人要管呢。闹闹委屈地扑到我怀里哭，忙不迭地像要逃脱牢笼一般往外拖我，口里喊着："回家，要回家呀！"问老师这一天的情况，回说是哭得不少，但是一切都属正常现象，嘱我不必担心，要耐心，给他时间适应。回家的路上，闹闹直问我："明天不去学校吧？"看我没回答，继续哭。我只好耐心解释，但是不太管用，这一晚他是想起来就放声大嚎一阵，要我保证不送他去了。可是我不能空许诺呀，只好顾左右而言他。梦中小人儿仍在哽咽，泪流满脸，闭着眼要我擦一擦。次晨醒来，他开口第一句即是带着哭腔的否定式问话："今天不去学校吧？"我的回答显然不合他意，小人儿便开始一把鼻涕一把泪的，拒绝穿衣，缩到床角，躲进被子里不出来。早餐也没怎么吃，一直哭到学校。晚上去接他时，与前日几乎同样的情形，一出校门他便说："妈，我毕业了呀，我再也不来这个学校了，再也不来了。"第三天他可能就跟爸爸说好了要去把学校炸了，幸好最后没买到导火线，闹爸告诉他工人还没生产出来呢。这头一个星期，小人真是茶饭不思，总之我从来没见他如此失神与焦虑过，甚至也显示出了感冒生病的迹象。第一个周六开家长会，我们参观了孩子们的教室和午睡的房间，他床头贴着的青蛙标志让我很发笑。问了老师，说当时闹闹正在哭，给他图片选择时，他一眼看见了青蛙，毫不犹豫就要了，令老师很吃惊。

早上送去时的哭，和晚上接他时候的鼻涕泪痕一直持续了近一个月。但是这期间他还是慢慢地有点进步了。有一回放学，他告诉我说：“妈妈，现在班里只有我一个人哭了。”我好生羞愧，问老师，她笑说那是实情，不过只是午睡醒来后很短的时间，而且他已经开始调皮捣蛋，说明已经没什么事了，叫我放心。校长更是对我说，万万不能催他，只能耐心地等着他适应。自始至终，老师们从来没有向我抱怨过一次孩子如何麻烦，对我所表示的歉意，她们总是笑着说不必担心。惟一一次，保育员跟我说，一开始闹闹隔十分钟就要上一次厕所，显然是想要逃离，去玩玩水、分分心，她明知道不是真需要，可还是每回都带他去，说是不能吓着他，同时要我跟他稍稍解释一下，慢慢就会好。突然不知从哪一天起，闹闹开始催着我要去学校，分手前则总是来回叮嘱我：“我要你在家等我，要很等很等”或“你别去上学，也不要上班，要把门关得紧紧的”。我真是开心极了，我再也不必羡慕他的小同学 Théo 了。这个单亲家庭的孩子，上学头一天，跟他妈说了声“再见”，开开心心就进去了，根本没有哭这回事。是啊，从三个月大他就开始在托儿所里过集体生活，早就适应了。我佩服他，可我心里在发酸。楼上很多阿拉伯裔家庭的孩子，也适应得很快，几乎就不哭，或者一两天后就不再哭了，其中可能的一个原因，是他们平时就比较被父母忽略。闹闹难道是被娇宠过分，变得软弱了？其实我也不太承认这一点，这样的依恋难道不正常吗？事实是我们花了更多的时间在他身上，跟他一起去听、去看、去感觉，给他最坚实、安心的依靠，在他身上培育人性的情感。做一个有情有义，心理发育完整的善良人，比什么都重要，这是闹爸对闹闹大而朴素的期望。

偶尔闹闹还有些情绪的起伏，偶尔也还有在学校里被同学误伤的事故发生，或者他也不太爱吃学校的饭菜，不过我们知道，那已经无大碍了。在那菁菁校园里，有爱心与良知陪伴，闹闹浸润其间，加上我们的细心呵护，他慢慢便会长大。

（2006-07-09）

干坏事了

那天放学接闹闹回家，路上碰到班主任 Evelyne。她都已经走过去了，又折回来告诉我，说自己白天狠狠地批评了闹闹，他因此哭得特别伤心。原来课间休息时，远未到结束时间，闹闹却将刚进校的一个懵懂小男孩领到电铃按钮前，让那个小男孩按响了清脆的铃声。正在院子里看管孩子们的 Evelyne 觉得奇怪，调查后才发现是闹闹干的，闹闹明知道自己不可以做的事情，却让还不太懂规则的新生去做，所以挨了批评。老师在跟我说话的时候，闹闹羞得双手捂住眼睛，后来反复央求我不要告诉爸爸。我知道他真的不是出于捣乱，而实在是因为太过好奇，他一定盯那神奇的电铃很久很久了，弄不明白怎么回事，才在有了“新来的”之后，想到这一招。

周日在科学城的声音展厅里，看见了电铃，我随口说了句：“这回你按个痛快吧。”闹闹立即羞得捂住眼睛，嘴里喊着：“不要说这些！不要说这些！”

可是表扬的话，怎么爸爸一进门他就会提醒我呢：“你快告诉爸爸，我今天下午帮妈妈拎玩具了，因为我有力气。”

(2006-10-04)

自己做决定

上学两周以后，小先生有一天从学校门口慢悠悠走出来，很深沉地向我宣布，他决定了要跟全班同学一起去山上参加探索大自然的学习活动，因为他不想比别的小朋友少学东西。这让我们有些吃惊，有些伤感，更有些欣慰。因为自始至终，我们没有给他压力，都是他自己决定的。我在一番询问后得知，老师自从第一次宣布消息之后，这些天里并没有再提起此事，所以完全是他小小的心里装着一件事，天天想，从最初的惊惶，到现在终于想通了，要迈出成长的一大步，而动力竟然在这里！此后，闹闹就开始充满期待，偶尔，他会微笑着，有些神往又感觉新奇地笑着跟我们说：“那两个星期你们都不用去学校接我了。”是啊，到时候受不了小别的估计反而是暂时恢复二人世界的两个大家伙呢！

真的，那未来的两个星期，不知道我们对他会是怎样地牵肠挂肚呢。这一回，学校规定不能打电话，更不能视频，只能通信，或者到市政府网页的专栏上看孩子们的每日消息。二老守着陋斋，独自怎生得黑？可是，“只要你开心快乐就行，真的，即便快乐得或者忙碌得没有时间想爸妈也不要紧，记住了吗，闹宝?”我握着他的小手，轻轻说。“好的，妈妈，我知道了。”闹闹笑着答应，憧憬着奇异的旅行。

（2008-11-02）

被“排挤”的时候

那天跟他一起读《丑小鸭》的时候，里边出现了“排挤”一词，闹闹不明白，立即将我打断。我结合故事给他解释字面意思，并且告诉他，排挤的行为其实是自以为聪明的人或者某些动物所做的愚蠢事。小人儿听完，抬头对我说：“妈，在学校里他们也排挤我了。”我心里猛然觉得一阵抽疼，心想可能该来的总会来，于是听他诉说情由。

原来有一次午间休息，一群小孩在院子里玩某个游戏，他们允许 Adrien（幼儿园曾跟他同班现在分开的法国小男孩）参加，但是不要闹闹和 Isaac（也是闹闹的幼儿园同学，法国出生的科特迪瓦籍孩子）参加，他当时觉得挺难过。我安慰闹闹，那些排挤丑小鸭的鸭子们终归还是鸭子，鸭子们的排挤也没有妨碍丑小鸭长大后变成美丽的白天鹅；而且，爱因斯坦小时候常常因为笨而被别人排挤（其实我当时也没有记清楚是否有这回事，但是不管了，先拿过来用一下再说，因为这老先生和爱迪生都是闹闹熟知而喜爱的），但是并没有影响他后来成为一个伟大而有卓越思想的科学家。小人若有所思地看着我，说：“明白了。”

（2008-11-02）

闹闹又受小伤了

闹闹今天意外又摔伤了膝盖（其实可怜那两个膝盖近来就没有完全无损的时候，总是处在结痂待掉状态，三月以来，摔破三条裤子了）。事出有因：傍晚回家后闹闹本来要跟隔壁的小黑邻“马鲁达”①玩的，可是不知何故那小家伙突然在我们大人均不在场的情况下猛然打了闹闹的左耳朵。小人儿捂着耳朵喊疼，大哭，十分委屈，泪流满面。闹闹平日里对他的小黑邻特别好（马鲁达比闹闹还小两岁，但是长得高大，头脑却简单，还没上学），那孩子每日里最期待的时刻就是闹闹放学归来。可是他也许因为常常被母亲训斥或挨打，自己也偶有暴力行为，尤其是对闹闹，因为熟悉，因为他知道闹闹对他好。原先我已经教育过闹闹学会自卫反击，可这次实在太突然，闹闹完全没有戒备，被袭击了。

作为对黑邻的惩罚，闹闹决定不跟他玩了，便带着玩具跟爸爸到楼下去。可就在他离进入草地一米远的地方，好几个阿拉伯裔的孩子围过来就要抢他的玩具，闹闹本能地一躲一跑，结果就重重摔倒在粗糙的石子路上，厚厚的裤子左腿被割开一个大口子，膝盖也破了一长条，还挺深，跟平日的小磕碰有较大区别，鲜血直流，小人儿立即哭得稀里哗啦的，实在是委屈啊，接连受重创。我给他消毒后敷上创可贴，看他哭得伤心，一边帮他擦眼睛，一边自己也忍不住泪流。

今天的事，还好不算严重，闹闹从来就不是个哭起来没完没了的孩子，在爸爸怀里抱着，渐渐也就止住了哭声，只是一晚上再没有听到他动人的笑声了。说一千个如果也无济于事，抱怨也没有用，我只是困惑：教育孩子善良没有错，可是用你的善良 PK 别人的野蛮，究竟好不好？怎么办？

为母亲者一时柔弱的心痛，是为记。

（2007-04-13）

① 参见本书第二部分《家有黑邻“马鲁达”》一文。

乡　愁

2007 年夏天我们回国探亲，在浙江乡下外婆家短住。有一天，闹闹有些怅然若失地问："为什么我在法国就很想中国，在中国我又想法国了呢?"可怜的孩子，那折磨无数旅人的所谓乡愁不就是这种莫名其妙的情绪吗？你小小年纪，竟已经深谙个中滋味！而 Antony 也早已经变成你此生的第二故乡了。

回到番邦，我们故意问他中国好还是法国好，他竟然大打擦边球，只说："都好，可是我在法国睡得着觉了。"这倒是真的，浙江七月酷暑，闹儿几乎夜夜热醒无眠。在这里，八月末的夜间气温才十五摄氏度左右，他当然睡得好。闹闹这样的回答倒是令我暗暗感到欣慰，即使我知道他这次回国受挫不小，即使我也知道这异乡的许多好处，但是倘若让我从此自小人嘴里只听说法国优于中国的话，心里一定很不是滋味。谢谢你，我的小宝贝。

(2007-09-08)

执著的爱

尽管我们为了让闹闹拓宽视野特意领他看过其他展览，比如海洋展、船舶展等，可是小人儿回家来仍然执著热爱着他的高速火车及其他同门兄弟们。他画笔下的火车规模也越来越大，常常需要将几页纸连接起来。他仔仔细细地描摹那些窗户、车轮、台阶等，他的细致观察力和难得的耐心令我赞赏(在他这个年纪的时候，闹妈根本没有画笔，更不可能画什么火车了)。甚至假期在托管中心里自制王冠，他也毫不犹豫地画上了自己最爱的破纪录火车。看到他戴着王冠进门，我哑然失笑，差点晕！对于自己满意的画作，他照样说一声："也要带回国。"小人儿的话，亦常常触动我心中某个柔软的角落。

(2008-01-12)

换牙记

2007年11月6日夜间，睡梦中只听得闹闹一声大喊："妈，我的牙掉了！"说话间小人一骨碌从小床上爬过来，伸手递给我一个东西。我睁不开眼，挣扎着说："好的，没关系，我们再去找医生重新补。赶紧继续睡。"我将一粒小石子般的东西顺手搁在床头小桌上，心下却暗忖"糟糕"，以为前些日他刚刚补过的牙齿不坚固，填充物又掉了。

闹闹又说话："妈，你可以写在我的Cahier de vie（生活日志，学校与家庭的联系渠道）上面了，但是牙齿不用真的放上去。""嗯，为什么？有必要吗？啊……"我这才回过神来，原来是他那颗从夏天在开始一直摇晃到Antony的乳牙终于掉了，在他刚满五岁五个月的时候！这是第一颗，我们已经期待很久了。我赶紧起床找到前些天牙医给他的蓝色小盒，妥善收好。闹爸听到小家伙的话，不由笑起来："闹啊，你大半夜脑子还这么清醒呀，一点都不糊涂呢！"我看看钟，两点。"好了，继续睡吧，先生们。"

可是闹闹却在暗夜中睁大了双眼（我没有特异功能，是借着透进窗帘的路灯的微光看见的），显然激动地睡不着了，问我："妈妈，我不知道动物要不要换牙？大概猴子也要换牙吧？"（老天，我小的时候是否也有过这种疑问？）

"这个，我还真的不知道呢，妈妈从来没有想过这件事，但是我们晚一点可以问问牙医。"我坦白自己的无知，也感慨闹闹小小而仁爱的胸怀里却装着博大的世界。

闹爸插嘴："猴子应该也是要换牙的，那是高等动物的标志。"这厮在漆黑的夜里还妄图进行阶级斗争，分什么三六九等。

可是闹闹不依不饶，执著盘问："我不知道猴子换牙以后它会把牙齿放在哪里？"

"啊，它没有蓝盒子，可能会藏在它自己的窝里。宝贝，天还没亮呢，继续睡吧，好吗?”我看看小人，他双手枕在脑后，眼睛看着天花板，一副深思的样子。

“我不知道动物换牙齿的时候，谁会帮他呢?”闹闹继续清醒着。

“宝贝，你真的不困吗? 动物有专门的兽医帮它们看病看牙的，你不必操心了，好吗? 但是有些凶猛的动物，比如老虎，很危险，必须给它打麻药才行，否则它会咬医生的。”

闹闹竟然会心一笑，我立即问他：“你是不是有办法了?”

“是呀，妈妈，简单嘛，我们可以让机器人去给动物看牙齿呀，这样它一咬就会觉得硬硬的，咬不动。”

“真是好办法呀，宝贝。好了，你那颗刚刚掉下来的牙齿叫你快点继续睡觉，因为你休息得好新牙齿才会乖乖长出来。”

“好吧”，闹儿打个长长的哈欠，“但是你不要忘了去问 Dentiste(牙医)，你要说到做到，大家都要说到做到。”小人一扭身，很快响起均匀的呼吸声。

“一定，我保证。”可是年纪大的人不易重新入睡，美梦被打断，我辗转反侧良久，却仍不能狠心将小人的这番盘问视为周扒皮式的“半夜鸡叫”，反而将它当作一曲美妙的音乐，细细回放了一遍，欣慰着他正常的长大，却又生出些莫名的感伤，真不舍得他就这么渐渐远离我的怀抱。做母亲的，或许内心都是充满矛盾的，爱到不肯放手的，通常也都是大人。

我后来问过牙医，确实哺乳动物都有换牙的过程，以前我从来没在意过这个问题，又是孩子的成长经历教给我新的知识。可惜，在知道那个老鼠要借小孩的乳牙当砖头盖房子的童话之前，我们已经告诉过闹闹乳牙有一天累了会退休，所以即使那天女医生诊治时给他讲了这个故事，他在第一时间里竟然也没有想起来。过早植入科学观，却少了童趣，终究有些遗憾。

(2007-11-11)

“我这个小先生”

一

最近不知何故，闹闹常常自称“小先生”，有时故意笑眯眯且拿腔拿调地说：“我……这个小先生。”偶尔，他走路太慢，老是停下看虫、看草、检查下水道，我只好故意先行离去，便听得一阵飞快奔跑的细碎的脚步声追上来，伴随着嫩嫩的童音：“等一等小先生！”哪一天他若是饿了，便会可怜兮兮地问我：“妈，你为什么还不给小先生做饭呢?”或者玩火车到了开心处，非得拉我去分享他那“真正的实验”，说：“妈，你来看看小先生是怎么样做成功的。”我暗暗庆幸他没有自称“少爷”，不然二老真成“二仆”了。我曾问过他为何起了这么可爱的名字，他说：“就是为了逗玩的。”

二

小先生在走廊上骑自行车，我在后面猛推了一把，结果触动他的联想，立即将此情境形容为三级火箭发射航天飞机，于是要我一遍遍重演，嘴里倒数着：“10，9，8，……0，加速！加速！”我这老火箭(哼，竟然还是三级的)便用力推他，车子向前飞跑，此时小先生自己的两脚仅平放在踏板上，并不行动。紧跑几步，俺就松手(差不多也就该解体了)，老火箭完成光荣使命了，小先生便铆足劲飞快蹬踏，航天飞机遂翱翔太空。真是个梦幻少年，令我羡慕。

三

前一个周日，奇冷，我还是带他去了大公园，我步行，他踩车，偶尔在上坡时推他一把。小先生骑得很卖力，忽然说屁股有点疼，但是他很快又边喘气边说：“妈，你知道吗，受伤的疼不好，但是运动的疼很好呀，因为锻炼了

muscle 。"

"没错宝贝，肌肉得到了锻炼。"我赶紧有意地复述一遍，可不能让他的中文被法语打倒。

"可是妈，怎么我们浑身都长满了鸡的肉呢?"小先生停下来捏捏屁股，抬头问我。

闹妈不禁大笑，吾儿别字功夫颇得乃母真传呀！赶紧予以解释，此"肌"非彼"鸡"也。估计这问题困扰小先生不止一天两天了，可怜见的。

四

每回跟他念到"为政以德，譬如北辰，居其所而众星拱之"，小先生都要打断我问："怎么会是屁股的'屁'写在这里呢?"我多次解释过，他不会不明白，可每至此，仍作如是问，看来就是故意调笑孔老夫子了，或者是乃父母的错，某种基因遗传过多了。

五

第一次给他念"守株待兔"的故事，刚听见标题，小先生惊奇地问："为什么要守着猪呢? 猪在那里干嘛呢?"看来汉语的同音字确实是够折磨人的。解释，让他看字形，木字偏旁，才放了心继续听。我读完了，下结论：要想有所收获，必须劳动，不能躺着等天上掉馅饼，那种机会有，但太少了。次晚，小先生仍要我讲这个故事，照例问了很多问题。他躺在"被子蛋糕"里，深思之后问我："我们不能让爸爸躺着等天上掉下来馅饼，对吗?"

"这事呀，你应该亲自跟爸爸好好谈谈，宝贝。"我笑得喘不过气来，小先生可真是活学活用的标兵。

六

自外面回来，小先生一定要自己搬小推车上楼梯，我怕他磨蹭费时间，原想拒绝的，可是心里有个声音说："放手吧，放手吧。"行，且看你如何实践西绪福斯往山顶推石头的历程。我守在他身后，只看见小人踉踉跄跄，使出全身力气，一会儿上一步一会儿退一步（真不错，至少学会进退的辩证关系了），我忍不住伸手想要帮他，却听他说："不要，让小先生自己来。"从一楼到二楼的两段楼梯，小家伙愣是在接近抵达时将动作调整到自如而快捷的状态。我使劲夸奖他有办法有力量，小先生甩甩胳膊，神色自若地问："你觉得我像大力水手吗？""那是当然，宝贝。"我心下窃笑，原来不知从何时起，乃母顺杆爬的本领他已经学到手了。

七

小先生玩心太重，而且程式化，也就是说，睡前的某一项游戏，只要他觉得有意思，便需每日重复，否则躺进被窝了还会大喊一声："忘了！"有时到了睡觉时分，已经很晚了，此时我恨不得他立即直接入梦呼呼大睡，可是他在洗脸时就仰着小脸，满眼写满了希冀，嫩生生地以这种句式问你："我不知道今天还要不要讲故事？"

唉，谁能拒绝这样一双明澈的眼睛呢？

于是下一个问题来了："我不知道你可不可以给我做蛋糕呢？"

唉，这是他睡前最后一个充满乐趣的游戏，我又如何忍心剥夺呢？

于是小先生躺在我用两张被子围堆起来的"被子蛋糕"中间，仅露出可爱的小脑袋，美美地听故事，不时用问题打断我，直到我最后说从某个时刻开始拒绝回答并给他一个祝好梦的吻。

八

这几天我起得很早，累了一天，到晚上坐着给他讲睡前故事，竟然不能一蹴而就，常常讲到后半部分，自己先闭了眼，瞬间梦境，嘴里胡言乱语，不知所云，却还能听到他无奈地笑着喊妈妈。困妈强睁开眼，惭愧，继续，没几句后又神游太虚，小先生善解人意地说："我看算了吧，因为你太困了。"困妈更惭愧，继续强撑，终究不能到最后一句，小先生摇我："算了吧，你真的已经困得不行了。"困妈猛掐一下自己，负隅顽抗，拼尽最后一丝力气，将故事念到底。待他睡着后发出香甜均匀的气息，我却猛然想起，仅仅就在半年前，小人儿曾经有一阵坚决要求由爸爸讲睡前故事，因为他怕妈妈会睡着。或者洗漱时他就十分担心地问我："妈，你不会又睡着吧？你可以保证讲故事的时候不睡着吗？我们拉钩好吗？拉钩上当（他总这么说）一百年不许掉。"两相比较，小先生果然长大好多，会体谅人了。困妈的梦里写满了愧疚和满足。

九

小先生在家中的小花盆里养了从外边带回来的蜗牛，喂菜叶，给它拍录像，还给它唱一首叫《小蜗牛》的法语歌。唱完了他问我："蜗牛它高兴了吗？""当然了，宝贝。"他观察到蜗牛在叶子上来回爬行，便说："咦，我觉得蜗牛爬得挺快的，为什么大家说它慢呢？"我回曰这是相对而言的。小先生又问我，"为什么叫它蜗牛，为什么有'蜗'字，又为什么叫它"牛"，实际上它根本不是牛"。小先生耸耸肩，摊开两手，神情十分困惑。我答应了要帮他查找这个名字的来历，竟然言出而尚未行。

十

有一天闹爸问小先生："你在学校有 Copine（女朋友，女性朋友）吗？"小人说没有。闹爸继续折磨："Dabinne 应该算吧？"小先生此时眼睛盯着电视，头也不回地说："但是我们不会结婚，因为她是韩国人。"哇，真是坚定的炎黄子孙，竟然有这么强的纯种意识！我忍住笑，问他："那你跟谁结婚呢？"小先生说："跟别人吧。"我假装难过地问："那妈妈怎么办呢？你不跟妈妈结婚吗？"小人似乎有些儿为难地低下头，幽幽叹道："那真的没办法。"哈哈，竟然有这种回答！我觉得自己的玩笑有点残忍，忍住笑，赶紧安慰他："别担心了宝贝，妈妈已经跟爸爸结婚了。"小先生才放心继续看电视。

小先生今天跟爸爸一起借回家一种新的火车玩具，他自己搭建了铁轨，摸索发掘各项功能，很有成就感，几乎废寝忘食。孩子真的比较容易获得纯粹的快乐，我常常感叹、羡慕。

（2007-11-25）

闹闹的第一本书

2007 年最后一天的下午，闹闹突然一个人哈哈大笑不停，兴高采烈地叫我："妈妈，我要画一本 L'histoire de Monsieur Touillon qui est tout bête！(愚蠢至极的杜雍先生的故事)的书，我来画，你帮我写，好吗?"

——Touillon 是谁?(我疑惑)

——就是 Théo 呀。(那是他班上的一个小伙伴，据说为着高速火车的问题，他们经常辩论。)

——哦，可是你这样写，他知道了会不高兴吧?

——c'est un secret entre nous deux(就咱俩知道)，好吗?

——那行。(我想不应该扼杀他的创作意愿和幽默细胞，且看他如何演绎吧，于是饶有兴致地答应他。)

闹闹一直很兴奋，先画了封面，有人物，有车，画完了叫我写上法语故事标题。然后他竟然很有系统地依次画了在公共汽车、地铁一号线、无轨电车、郊区快线 B、大巴黎郊区火车、普通火车和高速火车这些背景里 Touillon 先生各种愚蠢错误的作为，或站在马路中间，或在车下，或在车顶，或在车前部。每完成一幅画，闹闹就要我写上诸如："Touillon 你太笨了，站在车底下，那很危险"之类的法语对白。最后，他自己用胶水一页页粘连起来，做成了一本书。原来还是一本很有体系的安全手册呢，真棒！我不拿他横向跟别的孩子比较，只纵向跟乃母我这个当年那个懵懂无知的乡下妮子对照一下，真的是今非昔比！

(2008-01-12)

卢浮宫看画展

元月的第一个周日，为了不浪费免费参观的资源，我打算带闹闹去卢浮宫熏陶一下。很久以前去过两次，后来一直忙就没再去了。出门前小人儿有点抵触情绪（我觉得很正常），说没什么好玩的，太累了。说实话看画展确实不是一件轻松的事情，何况对于一个小孩，尤其卢浮宫那么大，人多而嘈杂。后来他就跟我讲条件："我们只看两幅画好吗？我数着。""再说吧。"我忍不住又给他压力（内心里我有点愧疚）："其实世界上有好多热爱绘画的人，他们很想去卢浮宫走一走看一看，可是没办法来。""为什么他们来不了呢?"小人当然不明白这其中的复杂性。路上，他又继续讲条件："我们只看四张画，好吗?"我仍然说看情况。

进去以后，我们直接拐进了雕塑和古代艺术品展厅。没想到小家伙对那些常常都要上溯到公元前四五千年的古代文物、缺胳膊断腿的人体雕塑、或完整或裂痕累累的锅碗瓢盆很是感兴趣。他说："妈妈，我觉得很好看呀。"我有些吃惊，但也觉得合乎情理，我猜想可能是人类一直追求的某种简约之美与孩童的天真自然产生了意想不到的共鸣。对于艺术品的这种残缺，他问我何故，于是我只能尽我所能讲到考古，讲史前文化。我们在里边转悠很久，我几次建议他出去别的地方看看，他都说："我还要再看一会儿。"回来后的几天，他仍常常想起来就跟我说："妈妈，我喜欢那些雕塑。"

当天晚上，家里接待了从国内来的一个考古学博士生，我不失时机地现场说教："阿姨就是学考古的，你那天看到的很多东西，都是阿姨他们工作的结果，他们不停地用小铲子挖呀挖，就挖出东西来了。"闹闹看着那位阿姨，还没开口说话，闹爸在旁边笑起来："还用铲子挖呢，真是缺乏常识，那是用毛刷一点点刷出来的。"朋友证实闹爸是对的，闹妈羞愧地低下了头，看到了差距。

（2008-01-12）

《蒙娜丽莎》不好看

还是那日的卢浮宫之旅。在休息厅简单吃完中饭，我带闹闹去看法国绘画，也打算再让他看一次《蒙娜丽莎》。

可是小人反复说他很累了，惟一让他惊喜的是荷兰画作中平静草原上的漂亮奶牛，而且他强调说："我还是喜欢刚才看的那些东西。"我们很快出来，但我出于复习的念头，还是坚持带他去了从来都是最最拥挤的陈列有达芬奇名画的那个展厅。闹闹走到名画跟前，不以为然地看看，回到我身边，他问我怎么会那么多人。我试图唤起他的记忆，告诉他那是达芬奇的伟大作品，大家都喜欢，就过来学习。我又提示他，2006 年复活节我们在 Amboise 时，曾经参观过的那个拥有很多奇异机器的园子，就是画家最后居住的城堡。一年半多的时间过去，闹闹没有忘记的估计只有那里的爷爷奶奶和他们家的电动火车了。

次日晚上临睡前，闹闹再次疑惑地问我为什么那么多人都喜欢《蒙娜丽莎》。我老调重弹，说因为大家都觉得它好看。闹闹在床上蹦来跳去，带着浅浅的笑意问："觉得它不好看也没有关系吗?"我心里一惊，赶紧说："当然没关系，你可以有自己的看法，不一定要跟别人一样的，说真话是非常勇敢的行为。告诉妈妈，你觉得它不好看吗？为什么不好看呢?"闹闹仍然羞羞笑，说道："因为我觉得她的眼睛很吓人。"正是世人最为痴迷、认为最能传达美的一双眼睛，在闹闹童真的视线之下，却是另外一种截然不同的感悟。我想老人家倘若听见闹闹的评价，应该不会气歪了胡子：第一，说明闹闹貌似随意的一瞥，其实已经抓住了画的精髓；第二，也正说明画上的这双眼睛确实极其独特；第三，闹闹初生牛犊不怕虎，无知无畏，敢于说出自己的真实想法，"虽千万人吾往矣"的勇气，实在令畏首畏尾或者人云亦云的大人们万分惭愧。

（2008-01-12）

温暖的琐碎

鼠年的第一个周日，我带闹闹去玩具城。临出门前，大概小家伙又问了一个令我们十分头疼的问题，我不禁感叹说："你小人儿六岁不到想这么复杂的事情，我当年，干什么呢？什么也不懂，但是会帮家里搬砖头盖房子了。"闹闹正坐在地上穿鞋，闻声却停下手来，抬头看着我说："妈你真的太可怜了。但是事情都已经过去了，别难过了妈，没事了，会好起来的，好吗？"小人缓缓地说着，清澈的眼神似乎流露出无限的怜惜。闹爸和我都惊讶而感动无比，我忍不住俯下身亲了亲他可爱的小脑袋，告诉他不必担心，妈妈不难过。走在路上，我问他："你怎么能说出这么好听的话儿呢？"闹闹很坦白，说："从前妈妈也这样说过呀。"原来是无意中的种豆得豆，只是我自己却记不得了。看来最有效的教育，莫过于耳濡目染，潜移默化。

傍晚闹爸回到家，看着独自在水房用几个矿泉水瓶设计连通器玩得不亦乐乎的闹闹，又感叹："等什么时候闹闹一拳就能把爸爸打倒了，就说明你真的长大了。"小人停下来，很不解地说："不要，我不要把爸爸打倒，就是不能打爸爸！"闹爸好一阵解释和安慰，才平息了闹闹的不解与不安。小人儿对爸妈的衷心爱护，也让我们的心里十分暖和。

闹闹在幼儿园学会了做三王朝圣饼，带回家一张写了配方的纸，教妈妈在家里实践一番。可是闹妈笨拙，烤出来的哪里是黄金饼，分明是个黑脸包公！闹闹和我都笑得前仰后合。没办法，我们家的东西就是易焦(益皎)，嘿嘿。幸好烤焦的只是最上面浅浅一层，下面仍然是金灿可口的！闹闹善解人意地安慰我说："没关系的，妈妈，下次你就有经验了，你别难过。"笨婆娘原本有点耷拉下去的头，不禁又昂扬起来。小小闹儿的安慰如此温暖，我有何道理不高兴起来呢？

(2008-02-13)

闹闹与蜗牛

前些日看到博友牛歌新发的《蜗牛》一文，才突然想起家里的那两只蜗牛已经很久没露面了。

这两只蜗牛还是去年秋天闹闹和爸爸在路上捡回来的，放在家中的花盆里。两个小东西很不听话，到处乱爬，有一回竟然爬到了高高的天花板上，而且常常月余不见踪影。往往就在我以为它们已经消失的时候，小哥俩又悄无声息亮相了。自然，每次亮相都让闹闹激动不已："妈你说错了，蜗牛没死，它们又回来了。"有一回他还很认真地在屋子里边来回踱步，边走边对我说："妈妈，我的蜗牛是自由的，它来它去，它自己决定，它们想我的时候就会回来的，对吗？"怎么不是呢，小宝贝？

这一次，差不多又有两个月没见到它们了。就在读到牛歌文章的次日，我惊喜地发现，一只蜗牛重新出现在花盆里了，真是神奇！

闹闹喜不自胜，趴在地上细端详。他突然起身拿了铅笔和白纸，三笔两笔画了只蜗牛，又回去趴在地上，举着他的画对着蜗牛，跟我说："我想要吸引它跟着走。"我忍不住笑起来。闹闹又说："妈妈，我上次拍了蜗牛爬行的录像给它看的时候，蜗牛为什么觉得惊讶呢？"真有这事？那可是有意思极了。

"妈妈，你知道我为什么用铅笔而不用彩色笔画吗？因为彩笔有污染，我怕蜗牛受到伤害，我很爱我的蜗牛。"真是个善良的宝贝！

"妈妈，蜗牛为什么背着壳呢？它要不要换壳呢？"妈妈真的不知道呢。很久以前我给他讲过一个充满教化意义不外乎戒骄戒躁的故事，突然觉得了无生趣，就不再跟他提起。

"妈妈，要是蜗牛吃了小树的叶子，你也不会怪它，对吗？因为树的根还在那里，它还会再长新叶子出来的。"我承诺我一定不会责怪蜗牛，闹闹放了心。

"妈妈，为什么有些人吃蜗牛呢？我就不吃，因为我很爱蜗牛。"我只能劝慰他说，世界是多样的，不可能要求所有人的行为都相同。

“妈妈，蜗牛是世界上最温柔的动物吗?”小人仰头认真地问我。“如果你想说的是最软的动物，那么我知道还有好多动物也都是软体的。”我有点不确定问题的要旨。“我是说最——温——柔的动物。”小人强调了那三个字。“哦，你觉得它是，它就是了。”我笑。看来，境由心造，在小孩子那里也是同理。

闹闹将他画的蜗牛图摆在小蜗牛行进的前方，又回去拿了张纸，一连画了三只蜗牛。后来他将蜗牛和画都搬了地方，真蜗牛就爬到了假蜗牛身上。小人又不停地画，有时就将纸挨在蜗牛旁边画，或者拿了另一张纸涂抹，在蜗牛将要出界时，迅速放在它前方。他说：“妈妈，蜗牛爬得很快呀，可是为什么大家都说‘慢得像蜗牛呢’？真是没道理。”嗯，确实太没道理。

闹闹突然从地板上抬起身子，跪着，手中握着铅笔，看着我们，满脸笑，说：“爸爸妈妈，你们知道吗，等我自己将来长大了做爸爸的时候，我也想要我的孩子看看我小时候给蜗牛画的画。”“好主意呀，宝贝。”柔和的灯光下，他那认真而可爱的神情，稚嫩的童音，令人视之听之不免动容，恍惚间我觉得自己已然成了一个白发苍苍、慈眉善目的奶奶。

这一次，小蜗牛没有立刻就旅行去，倒是罕见。它也许是面包屑吃饱了，或者累了，竟然将身子半埋到花盆的湿土中，不动弹了。第二天中午，闹闹又趴在地上观察，突然间一扭头发现另一只蜗牛正倒挂在爸爸的办公桌子下面，立即高兴地跳起来，大声喊我：“妈妈快来呀，另一只蜗牛也回来了！”那种欣喜，俨然是故友久别重逢的景象，并无二致。我将小蜗牛拿下，放到它的同伴身边，撒了点面包屑，小东西慢慢地就伸出触角来了。闹闹趴在旁边，细端详，语绵绵，嘴里不由就反复哼唱起那首他在这里最早学会的法语儿歌：“小蜗牛，背上驮着小房子。一忽儿天下雨了，蜗牛高兴地伸出了头，叮！”

我外出回来，刚进家门，小人儿立即雀跃着蹦过来向我报告：“妈妈，妈妈，我还建了木头铁轨，让我的蜗牛坐电动火车了，它们没有晕车，可是它们觉得很奇妙。”

呵呵，我倒是觉得，那一颗天真可爱的童心，最是妙不可言。

（2008-05-04）

闹闹上学记（2）

2008 年 9 月 2 日，是你上小学的第一天，我亲爱的宝贝。对这一天的到来，你已经期待了很久。漫长的夏日里，依然稚嫩的你曾经问我多次，为什么假期那么长还不结束，什么是一个月，还剩几天你才可以去新学校，等等。妈妈知道你不是很喜欢去托管中心，但是你对上学的美好想象，其实跟现实会有一定的差距，对于你是否会适应并喜欢上学校的种种，妈妈难免有一丝丝担心。

那天早上，跟假期里赖床的情景完全不同，未到 8 点你就自动醒来，穿衣、穿鞋、喝水、吃早餐，动作很迅速。也许你只是出于对新学校充满好奇想要尽快去探个究竟，可是妈妈觉得大概也是你自己的一点责任感使然，这让我欣慰让我心疼。

你早早准备就绪，看看爸爸，问："你不是说了要穿有领带的那种衣服吗?"我和爸爸都不禁笑起来，原来你的小耳朵没有漏过屋檐下的丁点儿风吹草动。爸爸故意逗你，说："我就穿着睡衣去不行吗?"你使劲摇头："不行不行，太难看了，既然你已经 Promis（许诺）了，说了就要做到。"放心吧，宝贝，你爸爸从来不是个轻诺寡信之人，他会给你做好榜样的。看到爸爸梳理完毕，你似乎很满意地说："这样就挺好的。"

你还提醒妈妈是否忘了这个那个，得到妈妈的确认，你高高兴兴地背起了书包出门。我建议暂时替你拿一下书包，因为里边装着新买的很多学习用具，真的挺沉，由你自己一路背到学校，委实有些负担太重。可是你不肯，说你自己会。那好吧，要保护你的自豪感与责任感。从家里出来，穿过长长的走廊，到了楼下，你已经被身上的大包压得有些摇晃。爸爸还不失时机地抓住你，要跟小小读书郎合影留念。之后，我们再次建议由爸爸先替你背着书包，你同意了。但是看到爸爸单肩挎着，你又着急了："爸爸，这样背不好，《十万个为什么》里边说这样会影响身体发育的。"哈哈，看来你的"本本主义"跟妈妈很有一比。至于爸爸的“发育”情况，也就这么回事了，不要紧的，你说的没错，小孩子确实要注意背包的姿势。

一家三口说说笑笑往学校走，脚下的路已经是黄叶堆积，巴黎秋意渐起。你的小嘴巴里依然有无穷尽的问题，看到树上掉下来的大橡栗，你惊喜地捡起来，告诉我们不能吃，但是你夸奖它们可爱的形状。

学校门口已经挤满了家长和孩子们，看到久违的几个小伙伴，你飞奔过去跟他们打招呼，开始说着你们自以为很严肃的话题，比如，本来你们在幼儿园都是大孩子，可是现在又要变成小班了，你们觉得这个实在很好笑。同一个幼儿园来的小伙伴们被分在三个并行班级里，你对此似乎并没有什么疑虑，你知道会在院子里碰见他们，你也相信自己很快会有新的伙伴。毕竟，你已经不是三年前那个上幼儿园初期哭了整整一个月的泪光盈盈的无辜小娃儿了。想起那一幕，妈妈的心里仍然不自禁地抽搐了一下：就那么狠着心把你推进了社会，任你自己去摸爬滚打调整适应。每一次放手，父母内心的挣扎可能都不少于孩子。可是，必须学会放手，不是吗？过了那个最艰难的阶段，如今的你已经有了很强的甚至许多时候令爸妈都吃惊的适应能力。

你在和蔼可亲的女班主任那里报到，跟伙伴们一起被领到你所属的班级里，你找了个座位坐下，打量周遭的一切，充满好奇。爸妈亲了你一遍，两遍，三遍，叮咛复叮咛，终于跟其他家长一样恋恋不舍地离开教室，留下叽叽喳喳的你和同伴们。

这一天，妈妈总是不由自主地想到你，猜测你彼时正在干什么。爸爸办完事回来，跟我一起去接你。校门口已经挤满了家长们，好多也是父母双双而来的，看来人同此情，妈妈心底的一丝惭愧瞬间就消失了。终于看到你背着书包的小小身子被人群裹挟着走出校门，身上的衣服前胸已经涂上了巧克力酱的颜色，小脸上竟然有一丝丝我们预料中的失意。你开口就说：“挺好的，妈妈，可是没有很多玩具。”我蹲下身子，亲亲你，告诉你没关系，小学和幼儿园是不一样的，但是你会慢慢发现学习的乐趣，会爱上学校的各类活动。盘查了你的书包，有一大堆待家长签字的文件，有一本数学教材，你马上告诉我：“老师说禁止在家里做。”

第二天就是周三，学校是关门的，因为妈妈有事不能留你在家，只好又把你送到托管中心。因为你已经是小学生了，所以也就换到了跟夏天去的托管中心仅一栅栏之隔的另一边。下午妈妈去家乐福超市给你购买补充材料，文具专柜那里挤得水泄不通，都是跟我一样带着任务的家长。付款处排着长队，好容易出来坐上车，发现比往常接你的时间晚了很多，况且你是第一次到这个新环境，妈妈开始担心起来。急急走进大厅，果然一眼就看到你跟在辅导员身后，正在流泪哭泣，身上的T恤也不是早上的那一件。看到我，你似乎更加委屈，小身子一耸一耸的，眼睛红红，挂着鼻涕，一时还停不下来啜泣。妈妈搂着你跟你解释迟到的原因，心里酸楚，懊悔，眼里也止不住湿润起来。原来看着院子里小伙伴们纷纷被家长带走，你就问辅导员几点钟。他告诉你18点半了，你不明白妈妈为什么没有在约定的时间来接你，立即就哭了，幸好才哭了大概五分钟妈妈就赶到了。

在路上，你已经破涕为笑了，露出了下牙床门牙两侧的大窟窿，妈妈看着就想笑。你自豪地向我宣布，你今天学会玩滚轴溜冰了，是某某辅导员帮你学会的，并且饶有兴趣地告诉我什么样的姿势身体会前进和后退，告诉我你摔了很多次屁股，并且惊奇地说："怎么感觉到我现在还穿着滚轴鞋子在走路呢？"

那天晚上你又坚持跟妈妈一起整理了新买的各类文具，收拾妥帖了，你才肯睡觉。爱感叹的爸爸又提起你小时候，他用一只手就可以把你抱走，还说起你在妈妈腹中自己将脐带绕颈，给我们制造了恐慌。可是你对我们的"指责"，却回应说："因为那时候我没有别的玩具。"岂有此理！

周四早上，爸爸送你上学。等妈妈去图书馆路过学校门口，却看到你的憨爸和几个别的家长一样，仍然站在栅栏外往校园里张望。他想凭借自己的近视眼看到熙熙攘攘人群中的你，想看看一会儿铃响后你们是怎么进教室的。结果很遗憾，他眼前当然只有晃动的一大片。妈妈虽然不用戴眼镜，可是最近几年视力也有点不济了，即便使劲眯眼，也看不到你在什么地方。不一定像很多人所说的那样，自己的孩子才是最好的，但是人群中的你，也只有你，才是惟一跟你的爸妈有血肉相连的亲情，才具有牵引爸妈视线的魔力，才永远让我们时刻挂念于心。

周四晚上，你也有家庭作业，只是朗读并抄写三遍在学校里学过的一句话。你握笔的姿势也在慢慢更正中；你抬头微笑着告诉我，老师也是这样要求的。果然爸妈没骗你吧，小东西。写了一行字，你突然问："能不能把我写过的本子用橡皮擦干净了给我的孩子用呢?"看到妈妈疑惑的样子，你补充说："这样不是就节约了吗?"爸妈大笑，亏你想得远，不过我觉得那时候你也给他们买新的本子比较好，那样他们会更高兴。节约是对的，但不一定在这上面实行，对吗，宝贝?

周五早上，你仍然八点前自动醒来，真好，看来你心里能记事。傍晚接你回来的路上，你向我讲述着学校的事情，尤其是老师提前公布的一个两周驻扎外地的"自然教室"的计划让你小小的心里塞满了忧虑。我宽慰你先不必担忧，等妈妈打听清楚了再做决定。你要求回幼儿园去看望你很想念的 Mme Garcia①和 Evelyne。看到你被她们紧紧地搂在怀里，妈妈的眼睛都湿润了。你很开心地但仍然带着点羞涩地回答了她们的各种问题，笑着她们故意跟你开的玩笑。

周六早上，你还在酣睡，妈妈去参加家长会，从 8 点半一直到 10 点半，校长简短发言，教室里班主任又详细介绍，妈妈坐在你的位置上，跟所有家长一样，认真听，记笔记。班主任是个温柔和蔼而又别具教学理念的中年女教师，妈妈后来和别的家长稍稍交流了一下，都很放心和喜欢。家长们的心态都是相似的，无不希望你们在新学校里能沐浴在关爱中更好地学习。

一回家你立即问我那件令你忧心的事，我给了你合理的回答，从长计议，你好像终于不再为此发愁了。忍不住回顾你成长的每一步，每一个可堪回忆的或笑或泪的片段。我常常恍惚地问你，从前那个小小的总是笑眯眯的粉娃娃哪里去了?你总是羞羞笑着回答："就是我，就是我。"可是，虽然你还是你，怎么现在的你跟从前的你会有那么大的区别呢?你耸耸肩，不以为然地说："我长大了嘛。"

于是我们继续用温婉怜爱的目光注视着你静静长大，不怕自己的时光会倏忽老去。

（2008-09-09）

① 见本书第二部分《跪着吻别孩子们》一文。

什么也不懂

有一天放学回家的路上，闹闹跟我说坐在他后边的女孩 Morgan 老是说他"Tu ne sais rien(你啥也不懂)"，因为他总是向老师提问那么多。我亲亲小人儿，安慰道："你这样好奇爱提问的小孩怎么能算是什么也不懂呢？不用在意她的话；而且谁也不能什么都懂，不懂就问，这是很好的品格，反而要坚持。我们孔老爷早就说了'知之为知之，不知为不知，是知也'，你忘了吗？"小人笑呵呵地说："我没忘，妈妈，而且我还问了她知不知道电动机怎么工作的，她都不会。"嘿嘿，原来闹闹知道如何反戈一击。

放假带回家的学期小结上，关于"行为"这一栏，班主任写着："他很主动参与各种活动与讨论，碰到任何不明白的词句或疑问，都会毫不犹豫地提出来。"闹爸窃笑，遂问他在班上有没有干"bêtises"(蠢事)。闹闹回答说有的，老师让小朋友们自己想一想有没有然后自己记录在本子上。他的 bêtises，除了有几次在黑板上乱涂乱画，主要就是提问的时候常常忘了举手，"因为我总是太着急了"。我表扬了他的参与意识，也告诉他一定要记得举手，因为这是对老师和别人应有的尊重。"记住了，妈妈。"可我估计一着急他还是会忘，慢慢来吧。老师的如此评语令我感激。

爱提问的好奇宝宝，终于发展到有一天看见一男一女两警察在路边办案也走过去询问他们究竟发生了什么事情。年轻漂亮的女警察蹲下身子，笑眯眯地看着他说："这辆摩托车在这里停的时间太长了，妨碍别人，所以我们要将它拖走。我的回答你满意吗，先生？"闹闹神情严肃地回答她说(当然，说的不是中文)："啊，对呀，我是天天都看见这辆摩托车的。明白了，谢谢。"闹妈在稍远处看着听着，忍不住偷笑，欣慰闹闹有着不懂就问的勇气，也对女警察的耐心和微笑心怀感激。

(2008-11-02)

闹闹学中文

对于在国外生活的中国小孩，学中文委实不是一件容易的事。即使在家里我们坚持跟他说中文，因为在学校的全天浸润，回家后他也自然容易法汉夹杂着跟我们说话。这一方面说明他的法语在进步，一方面也给我们提出了更高的挑战。于是我们或者装作听不懂，或者不动声色地将他嘴里吐出的法语用汉语再说一遍。但这还是不够，因为阅读和书写跟不上的话，势必抵挡不住这近似于大西洋强劲海浪的冲击。

闹闹算是比较懂事的，跟他摆事实、讲道理，身边数不清的纯中国孩子一句汉语都不会说的例子也给了他很强烈的震撼，所以他愿意每天坚持跟我们学习一会儿汉语，成果还算差强人意。贵在坚持，闹爸对这一点颇有些感慨。父母一妥协、一松懈，孩子放弃中文简直就是一泻千里、指日可待的事。前两天跟一个朋友通话，我很吃惊那个在国内已经上完了小学三年级后来法国的孩子，中文已经说得颠三倒四不成样子了。往容易的方向滑过去了，一笔宝贵的文化资源丢了，闹爸总这样说。闹闹似乎也被这个例子吓了一跳，脱口说："他就少了一扇窗户。"当然，他只是在复述闹爸说过的道理。同时掌握两种乃至更多的文化和语言资源，不付出一点努力当然是不可能的，但是孩子的潜力无限，需要的仅仅是父母的一点用心，一点耐心，以及恒久的坚持。

(2008-11-02)

迷上电动机

闹闹小先生在爸爸的帮助下，拆电动机上瘾了，成天满屋子翻找，总问我家里有什么电器已经不能用了。因为他自己摸索发现可以用游戏火车铁轨变压后的直流电路接通电动机，还能用很多电线并联、串联好几个一起玩，以至于入了迷。所以有那么几天，一晚上他得叫我十多次帮他用打火机烧电线剥皮，“妈，我需要你的帮助，太需要了”，偶尔甚至在我们的监视下他自己划火柴烧电线。闹闹玩得真到了废寝忘食的地步，不威逼利诱三次以上很难听叫唤上桌吃饭或上床睡觉，最后二老无奈，只好以其人之道还治其人之身，他提要求的时候我们也总是让他“等”，才最终将他这个毛病改了过来。

每天早晨醒来，小先生的第一句话通常是：“妈你知道那个发动机是怎么回事吗?”或者光脚就跳下床，打开开关，好几个发动机立马开始嗡嗡直叫，听得二老头大，又不好太打击他的探索兴趣，唉，难矣！小人甚至盯上了爸爸的电脑，常常磨他，说：“爸，你的老电脑太慢了，噪音那么大，我很想把它拆开来看看它的风扇是怎么回事，可以吗？我会帮你清理风扇，好吗?”目光里的期待无比殷切。闹爸大手一拱：“饶了我吧，兄弟，暂时还不行！”当然，道理是要讲的，好在闹闹还比较懂规矩，不会未经允许擅自行动。他的那份痴迷与专注，令我感动，真羡慕孩子的单纯。

（2008-11-02）

看展览小花絮

10月的最后一天，我领他去凡尔赛门的展览中心看“Kidexpo”(儿童展)，围绕孩子的主题，内容丰富多彩，闹闹玩得很开心。他在道路行车安全教育专区玩了很久的“棍子推汽车”游戏，我觉得这个感性教育方式很有意义。电动火车当然毫无疑问是他最流连忘返的。

在“Tous Solidaires”(齐心协力为孩子)的乐高拼图游戏区，闹闹照着图纸进行其中一块方板的拼图活动。这当儿，游戏区的工作人员突然紧张忙碌起来，外边也比较喧哗，原来人权与外交国务秘书雅德(Rade)女士在一群人前呼后拥下来这里视察了，好多孩子们在父母的指点下纷纷拿着本子去请部长签名。年轻的部长在闹闹旁边坐下，看着孩子们的拼图活动，一边跟工作人员对话。记者们镁光灯齐闪，人声鼎沸，可是小先生仍然头也不抬地专注于手里的板块，根本未受干扰，也丝毫没去注意身边发生的事情，一副我自岿然不动的神态，真让我心生骄傲。只是后来一个长且毛茸茸的话筒妨碍了他，小先生才抬头疑惑地问一声：“怎么回事”，又继续专注干活。

部长走到旁边接受采访去了，我才告诉他刚刚在他旁边坐着的黑阿姨是萨科奇的一个部长，问他想不想去跟她打个招呼。闹闹很随意地说：“也行吧”，遂起身走过去伸出小手跟部长握手。部长弯腰请他亲了一下面颊，闹闹就回来一心一意继续拼图，整整花了大概半小时才完成。小人拿着完成的作品走到大拼板那里，在工作人员的帮助下将自己完成的那一部分安置上去。他看着桌子上别的小孩没完成的拼图，说：“妈妈，他们没有坚持。”回家后，“大开关婆娘”向闹爸汇报完毕，他立即表扬了“小开关闹闹”的恒心与坚持，并且有着专心不受外界干扰的好品质，尤其狠狠夸奖了他对大人物不以为然的姿态。

(2008-11-02)

“豁牙班”(1)

盼望了好几个月，“豁牙班”昨晚终于雀跃着出发了，夜里11点半汽车启动，今早7点平安抵达山上的驻地，愉快的两周开始了。

随着日子临近，闹闹每天都不忘提醒我：“妈妈，我的箱子你准备好了吗？哎呀，要不然我就要念‘明日复明日，明日何其多’了。”我非常怕这个紧箍咒，赶紧求饶。这是他近来常用的杀手锏，小东西已经通晓以毒攻毒的威力了。

昨晚饭后，不到八点小先生就一直不停叫着要赶紧去学校，生怕迟到了。他在屋子里转来转去，真像热锅上的蚂蚁，什么电视节目都吸引不了他，对爸爸的“折磨”游戏也失去了往日的浓厚兴趣，最后是国际象棋才让他镇定了一会儿，闹爸笑说看来小家伙确实得到了急人外婆的真传。

我将闹闹捉过来，跟他一起在Google地图上看当地的各种信息。从前我对Samoëns这个地名也一无所知，是孩子让我从此心念于此。“米其林指南”告知，Antony距离孩子们的驻地573公里，小汽车行五个半小时，步行4昼夜12小时，地处莱蒙湖南端，距离日内瓦仅54公里，离美丽的“法国小瑞士”Annecy 72公里。因为是山地，气温比巴黎低好几度，他们应该有机会滑雪。我逗闹闹，说将要和爸爸一起步行过去看他，被严辞拒绝。这些日子来，我的诸如此类的建议均被闹闹全盘否决。比如我想申请做义务陪同，或我在他们驻地旁边搭个帐篷住下陪他，或者突然按门铃去探望他，或者我变成一只小耗子跟着他们坐车去，等等。天真的他听了急得要哭出来，反复要我保证我只是说着逗玩的，后来则索性声明不喜欢爸妈说反话。闹闹是否明白这是出于爸妈无尽的挂念呢？我问他：“你不在家，爸妈很想你很想你怎么办？”小人笑着安慰我说：“才两星期嘛，我很快就会回来的。”

我们拖着大箱子出门，雨后夜间，街道清冷。闹闹忍不住欢呼着飞跑起来，我赶紧追上拽住他。方才在家里躁动转悠已经让他磕碰了两次脑袋了，我不想他兴奋过头临出发了再摔一跤。到了学校，很多孩子和家长都已经等候在摆着圣诞树的大厅里了，好热闹。我们去车上安置了行李，再返回到学校，见过老师。闹闹的班主任拿着本子，正在认真地询问家长，记录特殊交代的情况。两个班，四十八个孩子，两个老师和四个辅导员在车上管他们，没什么可担忧的。

孩子们都很兴奋，奔来跳去的，虽然熬到这个钟点其实都已经很累了。老师们反复点人数，出发前领着他们上厕所，小家伙们和父母拥抱再拥抱，却都迫不及待上了车！有两个司机，车前窗上显示"特殊任务"标志。隔着窗户，闹闹冲我们不停飞吻和挥手，旁边坐着他的金发同桌。他妈妈在我旁边抹开了眼泪，他爸爸则一直开着玩笑，周遭都是跟我们一样殷殷切切的父母们。因为大客车太高，很多家长爬上了高高的围栏以便看到车内的孩子。车子启动，竟然有好几位父母追着跑了一大圈才停下来。大伙儿哈哈大笑，看来我们还不是最疯狂的。我甚至没有流眼泪，这么坚强，是因为我对他们的团队比较放心。安全是最重要的，裤子穿反了、眼屎没洗掉都无关紧要。

家里顿时安静了下来，没有了喋喋不休的"为什么"。今早起床，立即上网查看，得知他们已经抵达，安顿下来，吃过早餐了。看了这则最新消息，才令我心里的石头安然落地，眼眶一热，竟流下泪来。

祝快乐，可爱的孩子们！

(2008-12-05)

“豁牙班”（2）

周三那天，是豁牙班出门两周后返程的日子。晚上回家后，我们掐着时间包好饺子，擀面杖一扔（闹爸向来的豪言，过后他还得乖乖捡起来），携了手出门去。预定接孩子的时间是八点半，我们提前了半小时，其实到学校也就是五分钟的路程。心想着宁可在那里等，也不要令他焦急失望，因为走前他叮嘱过我们不要忘了去接他。但我心里又想到博友小小“有没有想爸爸妈妈？答案基本上会令你失望透顶”的留言，不禁有几分心虚。

走在夜路上，我猜车已经到了，闹爸却说只会晚到不会提前，结果是我对了。平生第一次跟人打赌赢了，却没押注，我咋实在得这般可恼呢？后来想想，各自早压了一生以便互相折磨，别的也没多大意义了。亏就亏吧。

远远看见高出普通公汽一大截的长途客车停在路边，赶紧快步过去，看见一群叽叽喳喳的孩子们正在老师引导下排队等候回学校呢，有一个家长已经在那里了。我觉得心都要跳出来了，可是那么多孩子，趁着路灯的柔光挨个儿搜索过去，好半天才看见闹闹。我喊了他一声，他竟然愣住了，只是咧嘴傻笑，忘了叫爸妈，大概没想到我们会这么早出现。我抓住小人在他的前额亲了一口，然后跟老师打招呼。她明显比出发之前显得消瘦，真是辛苦了！孩子还是老师先带回学校，我们取了行李才去领人。

学校的礼堂里热闹非凡，家长们很迫切，孩子们很兴奋，但是小娃娃们都面有倦色，毕竟是六七个小时的长途旅行。好多好多的拥抱呀！

我忍不住问闹闹在山上有无哭过，他很随意地说有，不过立刻换话题说：“妈妈，我还给你买了奶酪，因为我知道你爱吃。”然后就跑开去和他的同桌玩了。我很感动，但我心里想着他哭的事情，就去询问老师。班主任说是有这么回事，但只是头两个夜晚，后来就很不错了。那天他经过了一整天的疲倦，到了夜间睡觉的时候，突然想要爸妈了，忍不住便哭起来。班主任说自己那个时候就是妈妈的角色，陪在床边，摸他的脑袋，拉着他的手，安慰他，一直到他入睡。"别忘了他们还是小孩子，这很正常。"老师还回答了我的另一个疑问，她说闹闹并不是惟一一个哭泣的孩子，令我少了些羞愧。后来回到家，我盘问过闹闹，小人悉数招来：第一晚是男陪同安慰他的，第二晚是班主任。他大声哭了，哭的时候，心里就想着回 Antony 找爸妈，但是没有说出来；第二天在餐厅吃饭的时候，他也流泪了，可是没有哭出声，只是默默地流泪。我们在学校里等着奶酪的时候，他突然腼腆笑着对我说："妈你知道吗，你的第一封信让我看了流眼泪。"我忙问何故，原来是他看到了我在信上（这是尊师嘱出发前就寄走的）画的大胡子爸爸和长头发妈妈的两张笑脸，他说看了就想要流泪。闹爸和我听了这些，都心里酸酸的，说不出话来，只有紧紧地抱抱他。老师说还有一次，让闹闹穿滑雪服，因为很不习惯，扯来扯去，突然间他就有点崩溃了（闹爸评论说小人跟他妈一样会"心绪无由"这个魔法），委屈得哭起来，不过后来很快就好了。但是闹闹也汇报说，从 Antony 出发那天，车上有好几个孩子大声哭了，他没有。哈，那时候他还兴奋着不知离愁为何物呢。

回家的路上，闹闹已经开始不停地给我讲见闻，"妈你知道吗"之声不绝于耳。比如，他会自己洗头洗澡了；比如第一晚梦见在家里尿尿，小短裤湿了一点才突然醒来；比如要是两个瓶子里分别装满水和雪，雪融化后的水没有另外一瓶多；比如博物馆里的动物标本都是"已经去世的"；比如回来的车上，他看着窗外的树，发现玻璃上自己的影子在微笑，因为他喜欢大自然，云云。

回到家，闹闹立即开始展示他的收获，我们按要求提前交由老师保管的 15 欧元，除了那三张明信片，其余的变成了三个毛绒玩具，一个老鼠做奶酪的工艺品，外加一个奇臭无比的圆奶酪。他还拿出两个自己画的钥匙链，要我们选择。

热腾腾的饺子端上桌子后，小人儿在大快朵颐之前，竟然也没有忘了说"谢谢爸妈爸妈做饭"（这不是新学的，平时就这样），我回谢了他的"谢谢"。至于我那担心他会否忘了中文的说法，闹闹觉得奇怪，说："不会呀。"我又问："这些天你最想家里的什么东西呢？"小人不假思索地回答："你们。"如此简单明了，闹爸"哦哟"惊叹一声，我则被击倒了，心底柔柔的，哪怕我和他爸被荣升为什么"东西"呢。我尝了奶酪，闻着很臭，吃着口感很好，闹闹很自豪地说："我就知道你会喜欢。”

晚饭后，我们在床上讲故事，闹闹躺着伸懒腰，感叹说家里的床更舒服。我看看地上的TGV火车，忍不住停下来问他：“这些天你想你的火车们了吗?”闹闹眼睛盯着书，似乎轻描淡写地说道：“没有呀，我只想你们。”闹妈再次被彻底击倒，太窝心了！其实这两次回答都完全出乎我们的意料，可见这次有意识离别对小家伙的“锤炼力度”不是一般的大。“我不爱离别”，这可是那个出发日雀跃欢呼、迫不及待的小儿郎返家后的宣言，至少说三次了。这一回，据说雪也看够了，说什么也不想了，“还是Antony好”，他说。但是，若问他是否后悔去山上，答案是否定的；再问他以后有机会还去不去，答案是肯定的。看来他还是长大了、变得坚强了。

可是他有些难过地问我，为什么我们寄给他的信里，总是只有一张，别的小孩收到的却有好几张 。对此我很自责：原本只是想着他能读的字还很有限，没顾及这些。我向他道歉，但是也解释，有可能别的孩子因为还有兄弟姐妹给他写信，所以多一些纸张，闹闹大度，原谅了我。估计班里像他这样的独生子是不多的。

原本回家后的头一天孩子们是可以在家休整的，可是闹闹反复要求去上学，他说想要告诉好朋友Isaac他已经回来了。闹爸忍不住感叹这孩子很重情义。后来以邀请小伙伴次晚到家里来玩为条件，他才答应留在家里休息。看看他的身上各处，两只手腕处都被刺骨冷风吹得癞蛤蟆皮似的，麻麻的，身上也因为洗澡太频，效果一样，闹爸索性赐日本名为“麻皮小太郎”。除了几次去雪地，据说平时都只穿单裤。不过这般折腾，竟然也没感冒咳嗽流鼻涕，甚好。

细枝末节的故事，林林总总的见闻，互相拿一次性相机照小伙伴屁股的事，有不少，爱说话的闹闹已经慢慢一一道出。总之，出门一次，除去诸多的见闻，闹儿体验到了离别的况味，他也更懂得了对爸妈的依恋。这一次，恐怕不会像小时候那么容易忘记了，未尝不是好事。

这是闹闹成长路上的又一次重大经历，是为记。感谢这次出远门，让我们彼此更珍惜，一切尽在不言中。

（2008-12-21）

跟你厮混在一起

假期刚结束。这一回是两周的冬假。自你上学前班以来，假期我们就没再送你去托管中心，让你可以睡到自然醒(可恼的是，通常越是周末和假期，你总是醒来得更早)，以便有自由的时间带你出去游玩或参观各类展馆，还可以让你有更多的时间集中学习一点中文。我和你爸隔天换班陪你。从前你曾问过我，为什么 Théo 有很多很多的玩具而你没有那么多，我告诉过你，因为他妈妈没时间陪他，只好用很多钱买玩具来替代，而爸妈不想也不能给你很多无生命的玩具，因此我们给你相对多一些时间。你说你明白了，爸妈也是玩具。算是吧。跟你在一起，与其说是看管你，不如说是被你给看住了，那是爸妈自觉自愿选择进入的美妙囚牢。

于是，某天的午后，我们到草地上踢足球吧。我竟然抢不过你，便心悦诚服地称你为教练，你也很有耐心地教我，将你所学的东西毫无保留地一一道来。你说："你先跟着我 réchauffer。"好吧，教我如何热身。你想说热身，对吗？现在，常常要不露声色地告诉你某些被你脱口说出的法语字词的中文意思。有的时候，听着你毫无知觉地、很流利地将两种语言掺合在一起说得那么自然随意，真的可爱又可笑。我随时随地通过重复你的话，告诉你被你用法语替代的某个词的母语表达。锻炼的时候，我说，那就以你的教练之名来称呼你吧，"让·玛丽"先生。"不，我只爱你叫我闹闹。"遵命，闹闹教练。你突然想起从前在幼儿园锻炼肌肉(musculation)的事，说："妈妈，你知道吗，以前我还问了 Mme Garcia JJ 里边有没有 muscle(鸡肉)，结果她说没有。"哈哈，还有这事？我看着你飞扬的黑发下，满是笑意的黑眼睛，因为天真，所以无邪。

或者，我带你去巴黎市政厅前面溜真冰吧。这是你的第三回，可是，你像小鸭子一样，跟着同样怯生生随时都会摔倒的我，从再也不能令你满足的儿童专属小园地滑出来，汇入飞速旋转的疯狂人流。还好，我们摔得都不多，你摔倒了很快就爬起来。一开始我还拉你一把，后来，全是你自己。你的勇敢，让围观的人们很是赞赏，他们笑看着你，有个年长的游客一边鼓励你一边将你跌倒爬起的情景进行全程录像。我看着你溜冰的样子，不由想起你爸爸第一次带我溜冰时的情景。你们的背影简直一般无二，我觉得可笑，更感神奇，基因的力量委实太大了。

或者，我们带上点面包去大公园喂鸭子吧。你骑自行车，我跟在你后面跑，你是我的健身教练，好吗？风依旧冷，可是和暖的阳光照在身上，分明能感觉到春天的分量。天空蔚蓝，浮云几片，湖水微漾闪着波光，绿绿的草地尚未有春天的小花，树枝还是光秃秃的，细看却已有蓓蕾蓄势待发。你总是在宽阔的大道上骑得飞快，到了很远的地方，停下来等我，或者又折返回来，问我觉得你骑得怎么样，是不是很迅速、很有进步，鼻尖上冒出小小的汗珠。或者你会问我很多任何突然想到的问题，有些我能解答，有些我确实无能为力，我们说好了回家查字典，或者，“google 嘛”，你说。

当天上飞过两只嬉戏欢叫的鸟儿时，我叫你抬头看，你竟然说：“我想它们应该是 amoureux（爱人）吧？”哈哈，这个词的中文你还不会说，可是你好像明白它的含义。第二天，你又想起来，带着点遗憾跟我说：“……可是它们后来分开了。”是，很多人都像这两只鸟儿一样分开了，原因千差万别。

两只情侣野鸭对我们扔到水中的面包屑竟然毫无反应，一直蜷着脑袋随波荡漾在湖面上睡觉，它们也春眠不觉晓呢，当然也更无意于知道人类世界里席卷全球的经济危机之存在，如许悠哉，委实令人羡慕。一只小小的黑鸭子吃了些面包，又向着湖心的小岛游远了。你说那不是鸭子，是天鹅的小贝贝，它们小时候是丑小鸭，长大就成天鹅了，书上是这么说的。“我在卢森堡公园里也看到过，而且，鸭子小时候应该是黄色的。”你是对的吧，湖里确实有一对老天鹅的，只是我原先并无联想。原先在树上栖息的白鹭（或者沙鸥？）这时候飞将过来，盘旋，贴着水面猛然啄食，再次飞高。我们不明白，它们也能在水面停留飘荡的，为什么要以这种方式觅食呢？真奇怪。好些鸽子倒是立即咕咕叫着跟过来抢食，它们不怕人，追着你要，可是你看见了远处怯生生不敢近前的乌鸦，很想扔一些给它们。然而你一过去，它们就惊跳着离开更远，你只好用力扔，力气却很有限。后来，你问我为什么乌鸦的羽毛这么黑，并且突然笑眯眯地说很想看一看乌鸦是不是真的会往瓶子里边装小石子以便喝到水。你最近沉浸在很多很多的动物故事里，常常听得忘了吃饭不想睡觉。“你不喜欢人吗?”我故意逗你。“不，我是说我只爱动物的故事，我不爱人故事。”你羞羞地辩解，脸上带着有点窘的笑。好吧，随你的意。动物的故事，大部分真的是更美好更单纯，虽然偶尔也有杀戮或忧伤(每到这时候，一听到标题，你立刻就会说：“妈妈，下一个吧，c'est triste(令人难过忧伤的)。”故事里的忧伤，我们可以轻易选择远离，可是生活，不会全是欢笑的，你还不懂。也许你懂，但还不能接受吧。也是，越晚知道越好。

我们继续沿着湖岸前行，看到喷泉，你问我，公园的水从何而来。有些人在钓鱼，没有很多收获。一只小狗儿作势要去追湖里的鸭子，被主人牵住，我们一起哈哈大笑。你说：“我带你去看羊儿吧，跟我来，我知道在哪里。”于是，我们去了公园里的保护区，一片广阔的牧场，二十来只黑羊白羊，都在低头啃草，小铃铛的声音远远传来，很好听。牧场里还有几个蜂箱，你看着路旁标示牌上的蜜蜂图像，说你最爱那只小小的，它最漂亮。你很少说“喜欢”，你总是说“我爱”或者“我不爱”，好像还不能区分开“爱”和“喜欢”的差别；或者你用的是法语的直译，或者你自动地感觉到“爱”字更能强烈地表达你一时一事的心意，那么，算了吧，暂时，你可以“爱”，或者“不爱”，将来你可得弄明白哦。

远处的草坪上有很多小孩子在奔跑嬉闹，你骑着车子一直冲下去，原来是托管中心的小朋友们。看到很多熟悉的伙伴，还有辅导员们，你高兴地喊叫他们的名字。玩了一会儿，跟他们告别，却不走我指的路，你说要带我去一个地方，那里可以把羊儿们看得更清楚。在围栏边上，我们静静地呆了一会儿，你说：“妈妈，我过得很愉快，我们回家吧。”这条小路，是你以前常常跟小伙伴们一起往来公园的路，你很熟悉，我却不识。在门口的地图前，你认真地研究了好一会儿我们所处的位置，所经的路径，东西，南北。晚上，你写完妈妈要求的字词之后，喜欢自己造个句子，你总是说：“我爱自己写句子。”你跟往常一样，要我闭上眼睛你才开始。写完了，你躲起来叫我睁眼看。原来你写了“小鹅往东走，小鸭往西走，小鸡往南走，小鸟往北飞”。尤其是最后一句，突然使句子变得生动而富有诗意(朋友们原谅我的自恋吧)，无端即令我想到“意兴遄飞”四个字。写得真好，我的好宝贝。

我做晚饭的时候，你自己洗澡洗头，主要是玩水、管子、瓶子、吹泡泡的工具，还有好多，叮叮当当一大堆。叫你出来的时候，小脸红红的你抬头问我："妈妈，都是我自己洗的，你是不是觉得我很有进步呢？我越长大就越多进步，对吗？"当然，我的小宝贝，人只要愿意学，总会有进步的。

你在睡觉以前，不管一天听了多少故事，一定要我讲至少一个，否则你断然睡不着觉。对了，还得有音乐。最近你的最爱是"Dona Dona（多娜多娜）"小提琴曲，吉他弹唱的那种你听一次就不要了。你一遍一遍地听，要回旋播放，换了任何其他的都不行，我和你爸深受折磨呀。这种痴爱，我说跟你爸一个毛病，可他却给自己贴金，说你跟他一样的好品性，爱了，就是纯粹，唯一。

你不管我们的嘲讽或者爬杆行为，你搂着小淘淘已经甜甜入睡了。从前你不像这里的小伙伴们，你没有搂着娃娃睡觉的习惯，可是"豁牙班"出行一趟，山上的日子里，带去的小熊淘淘是夜静而没有父母陪伴时你最贴心的安慰，你便搂着它睡觉，此后，就养成习惯了。其实，淘淘真的与你有缘。那年的某一天，我和你爸去超市购物，一眼看到它憨态可掬的样子，爱不释手，就将它带回了家，结果没几天你就欣欣然跟来了，从此给了爸妈无数个琐碎而温暖的日子。

（2009-03-04）

你快乐，我快乐

上个月的耶稣升天节是公假日，两个法国老友邀请我们一起去巴黎北郊参观一座变身为国立中世纪博物馆的城堡。我们乘坐 T4 有轨电车前往朋友家。

闹闹跪坐在紧挨着驾驶舱的座位上，脸贴着玻璃，兴奋地观察驾驶室以及车子的正前方，嘴里喋喋不休。司机是个年轻的小伙子，戴着墨镜，几次转过头来，微笑着看闹闹。到了下一站，停车的间隙，我看到他将身旁一个座椅上的东西挪到地上，心说他可真是细致，大概怕挡了闹闹的视线吧。没想到他却将朝向车厢的小门打开，依旧微笑着，叫闹闹进去，抱了他放在那个高高的座椅上，重新关上车门，继续往前开。闹闹一定是惊喜交加的，还带了点羞涩。我看着他小嘴在动，却听不见他跟司机在交流什么。车厢里的其他乘客也都对此发出善意的赞许。如此开了七八站，一直到该下车了，闹闹才从驾驶室走出来。小人儿跟司机叔叔挥手告别，年轻的他依然微笑着，挥挥手驾车远去。

小先生兴奋得脸都红了，一会儿法语一会儿汉语来回倒腾着说："今天我真的好运气呀。"他是有理由这么高兴的：停在站上的各种火车头他确实参观过不少，电脑上的模拟火车也无数遍开过，但是真正行进中的火车驾驶室，他还从来没有机会进去过，几乎不可能的事情今儿让他碰上了，小人儿哪能不高兴呢？这一天，甚至后来的好多天，他还常常念叨这件事，持久快乐的样子令听者动容。"为什么叔叔对我好呢？"这个问题持续了好几天。孩子的快乐，以及孩子的问题，都简单而实实在在。

年轻的司机那天送给闹闹的意外惊喜，既令我看到他天性的善良，也令我揣测到他内心里对自己的职业充满自豪，甚至很有可能，他因为看到闹闹而想起自己痴爱火车的童年，以及童年某次类似的意外惊喜，而今的赠人玫瑰，或许就源于很久以前别人在他手上留了余香呢。

（2009-06-02）

从容走过一学年

7月2日是闹闹跨入小学校园第一年的最后一天。我原本打算象征性地跟闹爸一起去接他回家的，却因故未能如愿。也罢，经过十个月的锤炼，小人儿已经长大许多，很能体谅大人的某些无奈了。

在这一年中看着他慢慢长大，一点点变化，做母亲的人愿意品尝那日复一日的琐碎带来的温暖和喜悦。烦恼和缺憾当然也是常有的，可是跟快乐和感动相比，那些算得了什么呢？

还记得闹闹第一天上小学的样子：早晨那样迫不及待，欣喜中夹带着点羞涩，一路兴冲冲跑在我们前头；傍晚带回家的，除了胸前的一大块巧克力痕迹，还有脸上的一丝怅然。原来新学校不是他一直想象中的玩具城，老师虽然也很好，却跟幼儿园的校长 Mme Garcia 不一样。最直观的区别是，没有他三年来习惯领受的亲吻了。真正由奢入俭难！我心中十分不忍，也有些自责。我明白他会有些不适，却只能简单告诉他，小小孩在幼儿园里的主要任务是玩，而大小孩在小学校里，除了玩，将会享受到更多因为学习而获得的乐趣。闹闹很懂事地说："可能习惯就好了。"无厘头闹爸故意逗他："那明天我们不送你去小学了，你回到 Evelyne 的小班重新开始吧。"小人不禁羞笑起来，坚决否定了爸爸的一派胡言。他每天依然高兴地上学，傍晚带回家各式各样的新鲜事，小嘴巴一如既往喋喋不休。

闹闹曾经对全班去外地两周的学习计划感到惶恐，可终究是他自己慢慢克服了忧虑，进而开始憧憬直至雀跃远行。那两周的驻外活动，小家伙流过泪，可是也更加独立，尤其越发珍惜和爸妈相伴的柔情。回来后的日子里，他无意中说了好多次："我不爱跟你们分离。"我想自己没必要担心这会不会是他不愿长大的迹象。其实，生别离对谁都不易，何况他还只是个孩子。无情未必真豪杰，多情如何不丈夫！不知道从什么时候开始，我注意到，每次我或者闹爸出门，不管闹闹原先在干什么，即使在家中他已经跟我们拥吻道别多次，他仍然要在我们出去之后又特意打开门，探出小小的身子，嫩生生地喊已经走远去的我或闹爸，跟大人频频挥手说再见，法文中文，还有好几个飞吻，并且祝我们 bonne journée，有美好的一天。小人儿这一程式化的执著，总是令出门在外的我们心里一整天都装满了春天！在伦敦旅行的时候，闹闹是那么喜欢跟三个小伙伴一起玩，也喜欢他们家的许多玩具，他甚至问爸爸为什么没有早些去那里，而且离开的前日竟感叹说："我很想多玩几天，可是不能呀，我们还是得回巴黎。"听他这么说，我假装问他是否愿意留在伦敦，跟小伙伴们一起生活，因为他们的一切条件都比我们的小家更好。闹闹的脸上立即失了笑容，先法语后中文将我全盘否定："Arrête tes questions stupides（别提这样愚蠢的问题），妈妈，我不爱你说反话，我就要回巴黎。"小人转身去找闹爸告状，无聊老妈遭到了严厉批评。我满脸羞愧，心底却无比欢喜和自豪，因为我确知闹闹对我们纯真的依恋深深，无可比拟，不可替代，至少现在是。至于将来，他注定会像他父母的如今一样去看外面的世界，那是历史被不同年代的人重演，无可非议。

我和闹爸很久以前就确定，为了牢牢稳住闹闹的汉语基础，也为了让他学到比我们更地道更纯粹的法语，他的法语学习我们完全放手。除了偶尔看闹爸特意给他录制的电视节目，和给他读睡前故事，我们在家几乎从不跟闹闹说法语。偶尔他不由自主地说出了法语，我们一定会不露声色地用汉语再说一遍。所以他完全是在学校老师循序渐进的教学浸润中慢慢学会读和写的。很快他就爱上了拼读，在街上但凡看见广告，一定要停下来读一下，那认真的神情和稚嫩的声音常常惹得路人发笑，也令我想起闹爸在被困我们乡下老家期间连电线杆上的牛皮癣广告也不放过的情景，不禁莞尔。闹闹尤其高兴自己可以读懂火车上的各类指示用语了，他的火车杂志被翻得更烂，嘴巴也变得更饶舌。去年圣诞节后，突然间他就喜欢自己捧读挺长但有趣的故事了。"J'aime lire（我爱读书）"是做得非常出色的一套儿童读物，孩子们都爱看，小闹人也常常搬了一大摞独自坐在床上翻阅，不时咯咯直乐，有时甚至我连呼多次也不肯洗手吃饭或熄灯睡觉，非得我数完"2"才赶紧行动。早上醒来，倘若时间尚早，他也总是哧溜先跳下去找前夜未竟的故事来看。有一次，闹闹从书中抬起头很感慨地对我说："妈妈，我真的很喜欢看书呀，因为我觉得有意思。”从前都是我给他读故事，不管他在做什么，只要我开始念第一句，他一定什么都抛弃而偎依到我身边。现在，他可以自主选择了，但是我仍然要保证睡前跟他一起读一个故事，中文居多，一人读一段。他所识的汉字储量当然还不够，有时得借助拼音，偶尔他还会读出奇怪的发音组合，我们一起哈哈大笑。法语图书呢，他完全能自己读了，这是拼音文字的优点所在。我很欣慰他爱看书，他自然也比我小时候幸运许多。一个爱阅读的孩子，知道书香世界的美妙，他一定会慢慢拥有广阔而丰厚的心灵。

因为日复一日注视着闹闹成长过程中的任何变化，我才知道小孩子的两个上门牙，从乳牙脱落到长出新牙，至少得等漫长的半年之久。我甚至担心了，常常掰开他的嘴观察动静。可是小家伙不以为然地宽慰我：“班里的同学都要等很久的，你别担心。”看着他空空的牙洞，我就遥想自己的当年，是否一如他今天的可笑模样？陪着他安静地长大，我自己那模糊远去的童年印记竟也渐次清晰起来。学期末的时候，闹闹的第一个大板牙终于冒出来了，第二个也蓄势待发。Ouf！让人等这么久！

2 月份以来，闹闹开始上游泳课。他那么憧憬，我则有些担忧，因为自从马赛海边之旅以后，再没有领他玩过水。第一次游泳课后，闹闹跟爸爸回到家，立即羞笑着向我汇报了那天的奇遇：“妈妈，我今天第一次下水的时候，没有踩好台阶，就掉到水里去了。幸好教练很快把我拉起来了，老师后来跟我说她那时都担心了。妈妈，只有我和辛迪掉水里了，她不勇敢，还哭了，我都没有哭。可是一开始我蒙了，还有点害怕，但是后来他们给我绑上了腰带，我就不怕了。”我专注地看着眼前这张小笑脸，听着他嫩嫩的还带着惊奇的描述，心里酸酸的，差点流下泪来。我和闹爸一通自责，怪我们自己总是借口忙，竟然没有提前领他适应一下，虽然经历挫折乃是生活的原色，未尝不是好事，可是至少让他有过机会接触水呀！不过，也幸好那天我不在场，否则，那种情境，说不定出于母亲护犊的天性我极有可能一着急直接跳下去拉他，岂不更失态而让闹闹觉得丢脸？落水的奇遇，我那饶舌的、可爱又可怜的小人儿至少讲了三天，不仅跟我们反复提起，见到朋友和邻居，他也会讲述一遍，仍是满脸的惊讶和害羞。幸好他天性乐观，没有从此害怕上游泳课，每次回到家都会主动跟我们讲述当天的情况，提及自己的小小进步，并且很快就过渡到说：“现在我一点也不爱浅水池了，没有深水池好玩。”我陪同过一次“豁牙班”的游泳课。看着闹闹按教练的吩咐依次完成一些训练，在辅助器械的帮助下笨拙而奋力地多次游过深水池中 50 米的距离，那样紧张、执著。看着那个在水中也没忘记满脸含笑问我自己游得好不好的男孩子，真是欣慰无比。我的老家虽然也有大河奔流，可我却是满十八岁在南方上大学期间的体育课上才学会游泳的，因为那是必修课！二十五米的考试要求，在轮到我上场之前十分钟，我才上天保佑、灵光乍现、“急人”自有天相，突然学会换气而得以蒙混过关的，否则就是一口气游十八米，无论如何没法触到池边。闹闹上课那会儿还不到七岁，乃母没比他强多少。

终于放假了，天也热起来。闹儿回到家，像只小老鼠似的，兴致勃勃地翻出了他的蓝色充气游泳池。小人儿豪情万丈而又坚韧不拔地一脚一脚踩气，仅在最后叫我帮他盖紧塞子。我以为像过去一样，他只要搬一些水车或管子、勺子什么的家什进去玩玩就差不多了，没想到就在我帮他调水的工夫，小人儿竟然飞快地换上了游泳课的全副武装：橘黄色的泳裤、蓝色的泳帽，还戴上了蓝色的泳镜。看着他酷酷的样子，或趴在水池里扑腾，或者休闲地仰躺着，双手盘在胸前，我不禁哑然失笑，羡慕他调皮的认真和举轻若重，这么会找乐子。是啊，一花一世界，一沙一宇宙，在闹闹的心里，那个原本小小的蔚蓝色游泳池，又何尝不可以是任他随意翻腾的大海呢？

（2008-08-12）

琴声如诉

闹闹学小提琴，除去长长短短的假期，算起来也有十个月了。真的是无中生有，从拉大锯开始，到现在他能小指飞动熟练奏出几首简短但众人耳熟的小曲子，小家伙总在自豪中带着一些羞涩，我对此结果也很满意。闹爸更是知足得乐的标兵，听完小儿练琴，常陶醉地说："不错不错，比弹棉花的声音好听不知多少倍，这学费交得太值了，老爸岂不借机浮一大白？"

小孩子学乐器，除了极少数天才儿童是出于天才选择，可能大多数人都受点家庭的影响，除去自身的喜好，或许还承载着父母辈童年时未偿的梦想或久远的期待。许多与我年纪相仿、甚至比我年长一两辈的法国朋友都会两手吹拉弹唱。印象最深的一次，在小城 Amboise 朋友家，人到中年的大儿子一家六口，父母和他们的三个儿子(分别是 16 岁、14 岁、12 岁)，竟然都可以随时分别或俩俩一起坐到楼梯间的钢琴前，随手奏出莫扎特或肖邦的曲子，给楼下闲谈着的众人提供优雅的背景音乐。这才真是羡煞我也！可见法国的乐器学习历史源远流长，而且已经平民化了。很自然的，这些朋友家的孩子们也都会在合适的年龄选择一门乐器开始研习，不过我几乎从未听见家长们议论考级事宜。只要孩子愿意，父母有心，想学什么都能找到相应的公立机构或协会，客观来说费用并不昂贵。

大学时代我参加过学校合唱团的训练，那些快乐日子的痕迹已然淡去，王家瑾老师的一句"没有音乐的教育是不完整的教育"却从来不忘。我让闹闹学琴，首先是因为他自己天生有不错的乐感和听觉，从小爱听爱唱，尤其对各种乐器发出的声音充满无限好奇，总想去触碰，拿着长弓拉锯子当然是他很喜欢的一项游戏；其次，受狭窄的家居条件限制，钢琴根本不在考虑范围之列，小提琴则有诸多方便之处；再者，乃母自小即仰慕会演奏乐器的人，少年时代被小提琴协奏曲《梁祝》一下子击中，从此，背一把小提琴潇洒浪迹天涯的情景便成了我不舍的梦想。所以，闹闹学小提琴，既是他自己的兴趣所在，也是我们引导的结果，同时也是我自己梦想的延续。然而我对他的期待，从来没有隆重到希望他成名成家，我只要他学会一门乐器，如同拥有一位值得信赖、可以相伴一生的好友，让生活多一抹色彩，足够自娱自乐，尤其要通过乐器的学习培植起良好的音乐素养，并且从中获得乐趣，足矣。

于是，我陪着他开始快乐学琴，每周一次，去小城的文化中心。确切说其实是“母子学琴”，因为闹闹这十多个月来学习演奏的所有内容，我也同样了然于心，并且也能演奏得差不离儿。所以，小家伙哪个地方稍有出错，哼哼，断然骗不过老妈的耳朵。拉小提琴，因为特殊的姿势缘故，小孩儿很容易累，所以常常要让他停下来小歇一会儿。每天的训练顶多也就二十来分钟，闹闹休息的间隙，我就抓紧用他的小小提琴来练习。事实上有时候碰到难的地方，通常都是我先理解并掌握要领再帮助他实践，但是小家伙总是很快后来居上，不管是手指的娴熟程度还是音色音准，都远胜于我。学乐器果然得是童子功，不服不行。但我已经非常开心，因为陪着他习琴，不仅看到他一点一滴的可喜进步，而且我从前的梦想在慢慢实现，那对我来说犹如天书一般屡攻不下的豆芽瓣——五线谱，我也渐渐熟悉起来。真的无比欣喜，因为孩子，再次让我品尝到了在一个新的领域里学习的无穷乐趣，否则，伸手一抓便是一大把偷懒的借口，何动力之有?

我不知道世界上有无天天哭着喊着主动要求练习乐器的孩子，至少闹闹肯定不在此列。这种主动练习的情形偶尔发生过，他自己会安排得很妥帖，因为练完之后妈妈便可以带他去某地玩了。他的自觉性有时显得很可笑，已经躺下睡觉了却惊叫一声：“糟了，忘了练琴。”我得劝解才能消除他的内疚感。可是，大多数时候，仍是我提醒和监督执行的，他终归还只是个才六七岁的孩子，而且格外调皮贪玩，有那么多的玩具想摆弄，有那么多的故事想阅读，还有各种各样的实验要琢磨，更有草坪和蓝天的强烈诱惑，拒绝哪个都不容易。幸好练习的时间不长，我们每次都力求准确、快速，尽量一次通过，绝不磨洋工，也不反复纠缠，实在效果不佳就改天再来，不让他烦了而生厌倦之心，那就彻底背离了我们学琴的宗旨。重要的是天天连续不中断，“曲不离手”的古训自学琴以来体会至深。我和闹闹常常比赛，让闹爸用 MP3 录音以后放出来大家评判。闹闹有点追求完美，常常自己先不满意，反复要求重录。录音放出来，两个人的演奏结果高下立判，小人儿听到妈妈出错，常哈哈大笑，但是很善良地安慰我说："妈你别难过，再练练，下一次就好了。"

因为自己学琴，闹闹对所听到的小提琴曲也格外注意，而且他的耳朵尖，能听出声音的层次来。闹妈老矣，耳朵也钝了，常常得经他提醒以后才能勉力分辨。家里除了随意播放着名家名曲，曾有个流行音乐的小提琴协奏CD，小人听了以后，独钟情于其中的《多娜多娜》，于是每晚睡觉都要枕着这首曲子才能入眠。要是我们偶尔忘了选择重复播放，此曲一终，一出现下一曲的第一节音符，闹闹于朦胧中也要提醒："爸爸，已经过了。"真令人哭笑不得。闹爸摇头失笑："闹啊，我成了你的特聘DJ。"闹闹对此曲的厚爱，发展到坚持要我从网上搜索到它的乐谱，对于我恶劣的拖延，他谴责我说："妈，你在明日复明日吗?"惭愧惭愧。打印出来后他自己先跃跃欲试，结果发现实在太难，就问我："是不是我学了一年以后就会了呢?"于是他要求我带着乐谱去见老师，请老师现场演奏。小人儿很专注地倾听完，笑眯眯地说："真的是一样的。"对于一些耳熟的法语儿歌练习曲，比如《在清泉边》，按书上的要求练完，好奇的他会主动琢磨换其他三根弦挨个儿拉上一遍。乐谱在胸，琴音流淌，音阶的差别居然不会出错。有时候我怕他太累，不想他额外如此练习，竟然禁止不了。演奏完后，闹闹仰着小脑袋问我："妈你听出来了吗，其实是一样的旋律，只是有的更grave(浑厚)，有的更aigu(尖利)。妈，为什么会这样呢，你知道吗?"闹儿这么做，他演奏的结果我已经自叹弗如，因为没有现成的乐谱在眼前，我的换弦演奏肯定会出错，但我更欣慰且欣喜的是他有着宝贵的好奇心和主动探究的意愿，这才是最重要的，说明他从中确实尝到了乐趣。

此外，每在街头巷尾或地铁上碰见拉小提琴的艺人，闹闹也会格外关注，近前观察倾听，然后各种问题便排山倒海般涌过来，从乐器本身到艺人的命运均可能涉及，淹得闹妈直喊救命。闹闹乐观无畏的天性也使得他不害怕，甚至乐意当众表演。比如轮到他过集体生日的时候，班主任老师提前嘱咐他带着小提琴到班上，独奏几曲之后，他伴奏，"豁牙班"一起唱《在清泉边》和《一只绿老鼠》。想想一定稚嫩得很，可是那情景，很感人。

新学期闹闹转到音乐学院去继续学习了，这里因为有市政补贴，学费便宜很多，但是学院派的教学，可能更严格。不过我跟老师沟通过，希望不要太催迫他，也不要拿他跟别人去比，重要的是让他保持浓厚的兴趣，在学习中获得乐趣。乐趣在，他自然会有动力去学。小人儿长高了些，按老师的建议租了把新琴，声音比原来的更悦耳，他立即发现了区别。“妈妈，我很爱我的新琴。”于是他迫不及待地将学过的曲子挨个拉了一遍，还要我取出旧琴，母子合奏，那边厢本想要眯上一觉的闹爸痛苦地大喊：“你们饶了我吧，这哪里是音乐，两列火车同时进站了。”哈哈，对不起了，伙计。

无端便忆起久远的那一幕。还是2006年春天在Amboise，朋友家里总有音乐在流淌，不是打开了专门的古典音乐电台，就是播放着CD。这一年正好是莫扎特诞辰250周年纪念，几乎没有一天听不到他的音乐的。快乐风趣的白发爷爷端着盘子，随音乐旋着舞步来布置餐桌，对又想要跟他拌拌嘴的夫人说：“嘘，听听，那是爱的音乐……”

(2009-09-21)

Part 2

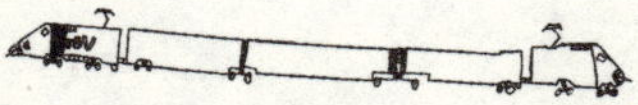

塞纳河边风景异——闹玩闹乐

跪着吻别孩子们

闹闹第一天上幼儿园，他早晨的朦胧泪眼令我牵挂了一整天。放学时分，当我怀着忐忑不安的心情早早赶到学校门口，一眼便看见校长 Mme Garcia 双膝跪地，满脸含笑，搂过每一个即将出门的孩子，亲切地叫着"Mon chéri"或"Ma chérie"(我的宝贝，男孩女孩称呼有别)，在他或她的脸颊上亲一下，才放人。我所有的不安与忐忑立即消失无痕，仅剩了满满的感动。

此后的每一天，我都怀着敬佩的心情观察她。校长应该年近五十了，个子很高，不胖不瘦，动作很是轻巧敏捷，我在心里觉得用"飒爽"来形容她再恰当不过了 。通常都是她走过来用钥匙自里边将门打开，微笑而俏皮地说一声"Bonsoir Mesdames et Messieurs"(女士们先生们晚上好)，一转身快速旋回到屋里，轻巧地跪到接近门边的水泥地上，开始挨个儿吻别孩子们。总是她先吻小朋友的双脸，然后接受回吻，如果某小孩动作不到位(比如太过着急的闹闹)，也就是说仅仅用脸颊贴了下校长的脸，她会轻轻地，甚至是调皮地掰过他或她的脸，让其重新用嘴去亲她的面颊，完全不介意娃娃们的脸上是否涕痕未干(我真的汗颜自己有此想法)，然后不忘提醒孩子们跟来接的父或母说一声"Bonsoir(晚上好)"。一个学校，四个班，百来个孩子，校长每天都这样跪着吻别孩子们。我偷偷注意过她的裤子，几乎每一条的膝盖处都是格外发白的。曾经有一次，就在学校开门前的一瞬间，我看见校长让两个娃娃拥抱亲吻以化解刚发生过的的矛盾；接着因为闹闹撩起他的裤腿让她看，嘴里嘟哝着什么(我料想他大概摔跤了有伤口，后来问了，果然是)，校长立刻单膝跪地，笑眯眯地低头亲了一下闹闹的膝盖处。我不知道别的父母会有怎样的感觉，我自己，见此情景，除了感动复感动，还有惭愧。相形之下，惭愧自己有幸做教师的那几年，虽然做到了从来不以成败论英雄，可是给学生们的爱还是太不够了。这一次，我很想说："如果那时候我能多爱他们一些就好了。"

将心比心，才能更深刻地体会到校长的仁心与博爱。大凡普通人，看自己的孩子，左右端详都是发自内心的喜欢；别人的孩子，再可爱，可能觉得终不如己出。闹闹所在的这个幼儿园，坐落在大学公寓区，除了少数孩子属于周边的法国当地居民，其余多是各国老留学生们的后代，尤其以黑非洲及阿拉伯人居多，入校前大多讲各自的母语，管理的难度可想而知。我不知道 Mme Garcia 在这个学校工作多久了，她用真切的爱身体力行去教育孩子们，年年如是，真正功德无量。享受过爱的人才懂得爱，并且由爱生爱，让爱如波，荡漾及他人。我那小小的闹闹在异邦开始他漫长的学校生涯，当时还不太能听懂法语的他碰到这样一位可爱温柔的校长，何其幸运！

闹闹上学两个月后的某天早晨，见爸爸坐着用红花油揉膝盖，立即走过去关切地询问原因。闹爸可怜兮兮地告诉他腿受凉了，很疼。小人连忙凑近前，先低头用嘴对着爸爸的膝盖缓缓吹了口气(这口仙气，乃是我为小时候的闹闹首选的镇痛秘方，效果非凡)，接着俯下身子在同一位置亲了一下，潇洒而又自信地大声说了句："Voilà，c'est pas grave，papa。(好了，没事了爸爸)。"这中西合璧的神奇疗法，让我和闹爸惊诧而感动莫名，彼时自我眼前掠过的，便是校长跪着吻别孩子们的温馨场面，我永不会忘记。

(附：闹闹的班主任 Evelyne 也是个非常温和的人，只是她行动不如校长轻巧，每个早晨或傍晚，只能弯腰吻一下孩子们，以示迎接或告别。学校的其他服务人员，对孩子们有着同样真诚的拥抱和亲吻，想来这一定属于该校的传统精神，我也因此明白了为什么从这个学校毕业的孩子们格外依恋他们曾经的校园和老师们。需要说明的是，即使在亲友间有拥抱习惯的法国，幼儿园里的师生亲吻也是罕见的。闹闹很快习惯了回家以前一定要在乱哄哄的人群中先去找到班主任，吻别，走到门口，站着吻别跪着的校长 Mme Garcia。)

(2006-05-07)

累并快乐的一天

闹闹的幼儿园今天在小城 Antony 辖区内举行校外活动，我和其他几位妈妈一块陪同前往，每人手下管有三至四个孩子，既替学校的老师们分担了工作，同时也分享了孩子们的快乐。

2005 ~2006 学年的主题是“马戏团”，所以几乎每次大的活动都围绕着这一主题展开。上午我们先乘车到附近一个小学的体育馆里，那里的二十来个孩子们分组帮助兄弟学校的小朋友们学马戏团的各种杂技，如翻跟斗、走钢丝、猫爬圆球，等等，孩子们东倒西歪，哈哈大笑，快乐开怀。活动结束后，我们到附近的公园里小小溜达了一圈，接着到旁边一个市属的儿童活动中心附属基地野餐。那是好小伙弗朗克的地盘，里边绿草茵茵，野花盛放，还有沙子堆，真是个好去处。

下午我们又回到那个体育馆，观看上午已经见过的那些学生们的表演。其实他们也都是业余选手，同样因为“马戏团”是贯穿全年的主题，他们在一个专业老师的教导下，在体育课上学了很多本领，练了不到 15 周的功夫，技艺已经够唬唬外行的了。他们的老师则扮演了小丑，主持整个表演过程，掌声不停，笑声不断，尤其小丑还在每次换场的间隙里让幼儿园小朋友们的老师或家长上场表演，洋相百出，逗乐众人。

回程的路上，孩子们都累得东倒西歪，撑不住了，纷纷入睡。快乐总是要付出点代价的。学校的老师们很辛苦，尤其是校长 Mme Garcia，她总是一遍遍地清点人数，必做到万无一失。她肯定也很累，可是依然精神抖擞，笑容满面，从车上挨个儿抱下孩子们，亲切吻别。我还观察过，如果学生们出行是校外的场馆内活动，那么她总会在第一时间确认安全出口的位置，并且要求随行的学校工作人员对此做到心中有数。这真正显示出她极好的专业素质与强烈的责任感。闹闹学校的老师和工作人员们令我深刻体会到全天下做幼儿或小学教师的不容易：没有超常的激情与爱，对付这一群特殊的超级魔怪，怎么可能总是有着那么亲切温和的笑容？佩服，感谢！

（2006-05-30）

学校院子里的野餐

临近期末，闹闹幼儿园里活动很频繁。这不，六月末的最后一个周五中午，有空闲的家长们可以自备食品带到学校跟孩子们共进野餐。从前看法国印象派画作时就常遇见描绘野餐的场景，没什么特别的感觉，现在才发现，原来那是他们由来已久的传统。春暖花开日，或夏日凉风拂面时，倾家出动，或约了亲朋好友，带上吃的喝的，带着应运而生的野餐专用小冰箱，在公园里可以坐着躺着聊上一天，孩子们则欢腾跳跃。环境好，心情自然也爽快。

我没有预告闹闹我中午会去学校，让他到时惊喜好了。我早打算好了做饺子带去的，原来甚至还英雄气概十足，以为自己一个人可以全权包揽。但是闹爸嫌我擀的饺子皮有鞋垫之嫌，拿出去有损“国饺”形象，所以坚持由他来打下坚实的基础。山中无老虎，猴子当大王，我这厢便粉墨登场，做了也还算漂亮的饺子送过去，分与品尝，最终迎来学校的老师、保育员、还有其他家长们的夸声一片，片片入耳也。闹闹见我突然出现在眼前，不禁欢呼一声，笑容灿烂。

小人儿所在的学校条件得天独厚，有很大的院子，高大浓密的树荫和翠绿平整的草地提供了很好的课外活动场所。家长、孩子们在草地上团团坐开，野餐开始了。孩子们很快用完餐点，迫不及待地在草地上欢闹嬉戏。校长 Mme Garcia 总是自己顾不上吃，细心照料着一些其父母无法前来参加野餐活动的孩子们。看着她，我总是感动莫名。闹闹真的幸运，小小年纪的时候能在异乡碰到这么一位好老师。

直到现在，闹儿已经上小学一年多了，他还常常突然间想起跟 Mme Garcia 在一块儿时发生过的趣事。每说起诸多细节，唱起老师教给他们的歌，小人儿总是满脸天真灿烂且神往的笑。

（2006-06-23）

即将唱响毕业歌

小先生将在幼儿园里度过最后一周，马上就要毕业了。从最初那个刚进学校哭了整整一个月每天都挂着泪痕回家的小娃儿，到如今只要假期超过三天就要不停追问何时返校的闹闹，三年似乎只在一瞬间。可是这份珍贵的成长经历，那一幕幕难忘的温馨，于孩子、于我们父母，都是毕生难忘的。感谢温柔爱他的两个老师，校长 Mme Garcia 和 Evelyne，感谢每天早晨都在校门口迎接他亲吻他的服务员 Eliane，感谢总是让孩子们快乐的好小伙弗朗克，感谢所有为孩子们服务过的学校工作人员，感谢无国界之分的免费教育。对于闹闹，他的幼儿园真是无忧无虑的三年，快快乐乐的三年，学习发蒙的三年，写写画画、剪剪贴贴的三年，自由自在的三年，歌声与微笑并行的三年，感受爱并学习爱的三年。闹闹能在这个美丽温馨的异国校园里度过他学生时代的最初三年，碰上这么好的教职员工，真是莫大的幸运。

今年 6 月 14 日是学校一年一度的节日，所有的孩子们都是艺术家。还记得第一年，小小的、稚嫩的闹闹是马戏团里的杂耍演员，他在舞台上一看到爸妈竟然因羞涩而掩面转身；二年级时，所有孩子们身穿印有“四大元素——水、火、土、空气”以及“第五元素‘Jean Zay 幼儿园’”的白色 T 恤上台合唱。闹闹对此一直严格保密，无论如何不肯泄露学校的活动主题。今年娃娃们穿着用装面包的大纸袋子精心修饰而成的长袍子，头顶代表各种动物的华丽夸张的帽子，依次上场表演节目，并以大合唱结尾，上演了一出热带草原的好戏，真的是十分精彩！闹闹据说是狮子的小头目，笑眯眯的。

最后一个周五的中午又是 Jean Zay 幼儿园例行的校园野餐会，能到场的家长们都带着各自的特色午饭来到学校，跟孩子们一块儿在草地上用餐。闹妈再次勇敢挑战自身极限，在闹爸因事缺席的情况下，独立自主地做了热腾腾的饺子带过去。手忙脚乱的我还是去晚了十多分钟，一路上我非常担心闹闹看到惟独自己的妈妈迟到会哭鼻子。幸好野餐还没开始，而闹闹一直在跟小伙伴说话，并未出现我所担心的局面。见到我，他很开心地说："我知道妈妈一定会来的。"多谢小先生的信任，我很是欣慰，看他是真的长大许多，不比从前了。同时我内心里也有点惭愧，其实很多时候不够坚强的反而是大人，常常无端低估孩子的能力。

跟闹闹一样，大部分小孩都不轻易尝试新的食物，而大人们品尝了我带去的饺子，在没有别的中国家长可作比较的情况下，灶台婆娘的厨艺再次获得了一致称赞，闹妈又偷着乐了一回。这一次，校长 Mme Garcia 仍跟往常每次集体活动时一样，总是来来去去，照顾着那些家长不能同来的孩子们，不让一个落单，而她自己根本顾不上吃饭。我参加过那么多次学校活动，从来没看见过她跟大家同时吃饭。透过一粒沙子可以看到整个世界，小处体现着校长二三十年如一日的不平凡。

我向闹闹的两位老师表达我衷心的感谢，她们当然很开心，但却一再强调这只是她们的职业，自己无非尽了职责而已，令我更加感动无言。我跟 Mme Garcia 提到她总是跪着迎接和吻别孩子们，她朗声笑起来，说："我个子那么高，他们抬头看我必定像看到一个巨人，所以我要跟他们同一个高度。而且，其实我这么做是狡猾，因为我还节省了体力。看我的裤子，也适合跪着，油漆墨水的斑点到处都是。"Mme Garcia 温柔幽默却不乏威严，孩子们跟她很亲热，对她又充满敬仰。爱说话的小先生常常回到家就这样开腔："妈你知道吗?"云云，给我们讲一个委实很不简单的故事或者知识，最后总是很深沉地问："你们知道我怎么会懂得这个知识的吗?"二老故作疑惑充满期待地问："那么到底是谁教你这么有趣的知识呢?"小先生总是很骄傲地回答："是 Mme Garcia 。"

也就在前些天，我送闹闹到了院子里，迎接他的是 Evelyne。她拥抱了闹闹以后，故作严肃地对他说："亲一下妈妈，跟她说再见，然后到 Mme Garcia 的办公室去，她在那里等着打你屁股。"小先生和一个小伙伴闻言立即哈哈大笑着往办公室的方向跑，Evelyne 也忍不住笑出声来，跟我说："我也不明白他们为什么都以笑来应对我的严肃。"可我知道，一直被爱和信任着的孩子们，他们怎么能相信这样的"严肃"呢?

(2008-07-01)

“豁牙班”（3）

自出行的消息正式宣布以来，闹闹所在的“豁牙班”便开始有条不紊地进行准备。

十月初的一个傍晚，学校召集家长会，介绍此次校外学习计划的目的和诸多事项。市政府专管学校青少年事务的负责人到场，配以幻灯图片，对旅行方式、外驻中心的历史、环境及现场工作人员等进行了全面细致的介绍，解答了家长的很多疑问。闹闹的班主任在回答某个家长的提问时说，一年级就带孩子们出去，说实话非常困难，对教师来说尤其是责任重大而辛苦的事情，但是家长无需小瞧孩子们的适应能力，他们在探索自然开阔眼界的学习过程中，在离开父母的情况下会迅速地增强自我管理能力，也利于增强班级里孩子们之间的友谊和凝聚力。

校外活动不是免费的，但是大部分由市政补贴，每个家庭按收入系数补充余额，最低需缴纳 65 欧元，最高 200 欧元封顶（插一句：法国社会有点“挪富济贫”的意思，所以高收入者对社会的贡献是很大的）。市政府的负责人说到这里的时候，特意强调，孩子们可以因为自己心理准备不足或家长不同意而不参加活动，但是绝不能容忍因为家庭困难导致某一个孩子失去参加活动的机会，如果有难处，可以预先跟校长联系，学校、市政府和红十字会将联合磋商寻求解决办法。这一席话让我一时间百感交集，为这个曾经诞生空想社会主义理论的资本主义国度里作为普世价值观的人道关怀精神，为这个民选政府真正为民众的良好服务意识。

于是只剩下填表和按清单准备旅行箱子了，同时有意识地训练孩子做更多力所能及的事情。当然，按照老师的反复提醒，最不能忘了提前好几天先往孩子们的驻地发出信件，以便他们一到达就能读到来自父母的问候和鼓励。许多细节，组织者们想得真周到详尽，令人佩服。闹闹煞有介事地问我：“你不想问问我自己想要带点什么到山上去吗?”好，你说吧，小先生。

学校那方面，老师在课堂上也不时讲解一些注意事项。比如有一天，小家伙告诉我：“妈你知道吗，Animateur(注：探索活动驻地的男陪同)也会帮我们洗澡的，但是，他不能帮我们洗JJ，谁也不能，是我们老师说的。”没错，这种防范于未然的教育，其实是很有必要的，而且因为小孩子们都单纯，一根筋，所以一定会牢牢记得。有一些物件，老师也让家长们提前登记，以便家庭之间互通有无。在此期间，班主任老师不停地通过联络本发出各种提示信息，让家长帮助孩子准备行程，包括汇报孩子们特殊的健康状况、提供医生证明、用药处方、注明特别的饮食及睡眠习惯等，真的非常细致。大部分家长对这一切都不陌生，因为他们自己通常多少都有过类似经历，或者家里别的孩子已经参加过此类活动了。对我们来说，还真是挺新鲜的。Antony市的驻外自然学习班已经有四十多年的历史了，他们组织这类活动，有成熟的经验和管理机制，游刃有余。我思来想去，还是感受到他们对孩子真正的爱，有爱才会用心为他们设想，才会为他们的成长提供尽可能好的条件。

闹闹去年有幸领略了雪山风情，这学年升入二年级，三个班重新组合，他所在的这个班十月上旬竟又要出发去布列塔尼海边，进行为期两周的“了解外部世界”的探索班学习活动。这一次，我们也从容淡定很多。只是那声明“不爱跟爸妈别离”的闹闹，海边第一晚夜幕降临的时候，不会再一次无声落泪吧?

(2008-11-11)

托管中心

法国的小学和幼儿园，周三是不上学的。父母无法这一天不上班而专门看管孩子，也无爷爷奶奶帮忙，更请不起 Baby-sister 的家庭怎么办？于是有个叫做市立娱乐中心（Centres municipaux de loisirs）的机构便应运而生，解决了很多家庭遇到的这一难题。除周三外，全年的各个假期这个中心也是开放的。在我看来，这个中心其实就是儿童托管机构。因为它不属于免费教育范畴，所以除了当地的财政补贴外，学生家庭也要相应承担些看护费用。这个费用按照家庭收入等级来缴纳，每天最低两欧元，十欧元封顶。想要送孩子去托管中心的家庭，则必须提前在市政府进行年度注册，提供保险证明，注明孩子最后一次注射百白破疫苗的时间，签署责任书和孩子应急就诊许可证明。

托管中心一般都附着在某个面积较大的学校，有自己固定的室内空间、各式玩具与书籍，但是与学校共享餐厅与户外活动区域。中心里面有一个常设负责人，其他工作人员通常都是有看护专业文凭或实际工作经验的年轻人，或称辅导员，他们大多能唱会跳，能写会画，能说会演，很有活跃气氛的才能，挺受孩子们的欢迎。看好孩子，保证他们的安全是托管中心最基本的任务。为了更好地消磨长长的一天时间，中心通常都会按年龄段分组活动，或出去参观博物馆，或郊游，或游泳，或做手工，或绘画，或开展体育活动，或跳舞唱歌，等等，内容非常丰富。很有趣的一点是，孩子们在那里很快就学会了怎么呐喊拉歌，怎么集体表示抗议或赞同，法国社会示威游行的习惯从这时就开始培养了。

托管中心通常都会依照日历组织孩子们进行各类主题狂欢活动，从饮食到娱乐，全情投入。这样一来，傍晚时分去接孩子的父母们常常被吓一大跳，认不出化了妆的自家孩子了。他们或者被画上了海盗、蜘蛛人、巫婆、大胡子、狮子、狐狸等各种脸谱，或者头上戴着自制的可爱又可笑的头饰或帽子，个个喜不自胜，急于向父母展示成果。比如有一次，他们全体去了印第安部落，吃了印第安风格的午饭，跳了印第安人的舞蹈，玩了印第安人的游戏，画了印第安脸谱，挂着用意大利通心粉串成的土著项链。哈哈，瞧我的娃儿被折腾成了什么样，真没法看了！另一次，闹闹戴上了极其夸张的狂欢节帽子，颇有点花花太岁的意思。过节的妙处，大概就是能让人回到最初，回到原始，脱离禁锢，忘记现世现时的诸多烦恼，只享受那快乐瞬间吧？

托管中心的那些年轻人，悉心照料众多的孩子们，陪他们玩，想尽办法逗他们开心，真诚地喜欢和爱护他们，也赢得孩子们的信任和依恋。我欣赏他们认真的工作态度，喜欢他们真诚的笑脸，感谢他们热情的付出。

托管中心怎么样？自有孩子们的欢笑来作答。

（2006-10-11）

事不关己不挂起

学期临近结束，意味着时任内政部长的 Sarkozy 去年十一月有关遣返无证件学生及家长的法令将逐步付诸实行。

基于人道主义的立场，法国到目前为止还是一个只要孩子在这里有学籍其父母就可以凭此在未来某一天合法留下的西方国家，这是有历史原因的。而在法国，只要你是个未成年人，不管你来自何方，是何国籍，不管你父母有无合法身份，鉴于教育平等权，都可以享有免费上公立学校的权利。也因此，许许多多来自第三世界的外国人藉此得以合法留在法国，这也惠及我们的众多国人。然而由于近年来积重难返的种种危机，法国宣布不再做这个冤大头了。但是为了这些无证件学生的学年完整，推迟到七月份开始实行。

去年这项法令一经颁发，立即遭到有关人士及各种人道组织的愤怒谴责，游行示威活动不断，议会辩论中这也一度成为焦点辩题。我的感动，在于看到那么多站出来为这些无证学生及家长奔走呼号的，不只是那些身在事中直接遭受威胁的外国人，而是那些与此事毫无直接关系的法国人。反对党议员兴许还有政党利益的驱动，可是那些法国本土老太太、老爷子们站出来，还有那些无证件学生所在学校的教师，他们的同学或校友的家长们，他们在相关学校门口或市政府门口集会示威，又是为何呢？更有无疆界教育组织发起网络签名活动，他们呼吁说："我们不能让他们毁了这些孩子，这些少年及其家长的生活，他们是我们的学生，是我们学生的朋友或者是我们孩子的朋友，他们在这个国家开始学习，讲这里的语言，有着共同的悲喜，但是他们的忧伤却大于其他同龄人。"这不是博爱是什么？

今年在参加妈妈团为幼儿园校庆做准备的活动过程中，我与许多法国妈妈们有较多接触。就我这次从中了解到的信息判断，其实从个人感情上来讲，许多法国民众对一些来自非洲的外国人在法国光享受而不贡献、不融入反而捣乱、不感激反而时时以索债者自居等现象还是颇有微词的，不然极右组织勒庞的拥护者也不会逐年增加。但是法国又是个讲理性、追求理想主义的国家，所以在这样的人道立场问题上，可能许多人的理性还是占了上风。爱孩子、保护孩子，哪怕他们不是自己的孩子对多数人来说是无可辩驳、无需思考的理由，所以才会有那么多普通的人们站出来反对这项其实有利于法国自身未来发展的政令。"幼吾幼以及人之幼"的人道理念，在法国有时是这样被实行的。

(2006-06-17)

"狗咬"事件始末

即使被狗咬了，我也不想说狗的坏话，不该以点盖面，而且许多狗比许多人更善良、更义勇的故事比比皆是。我只是如实记述一下事情经过，各位引以为戒，同时也可以借此了解到法国儿童教育与管理的一个侧面。

托管中心的女主任 Françoise 喜欢各种动物，她的教育理念是，人与自然、人与动物应该融洽共处。所以每到周三她便将家里的兔子、乌龟、小鱼儿，还有她的两只黄狗带到中心来，以让孩子们跟动物有所接触，增强爱心。这一招其实有点效果，开学初期时常有些小孩更愿意去中心而抗拒去学校，就因为这里有动物朋友们。闹闹每次去都不忘跟门口的乌龟问好，走时也一定跟兔子说再见。那两只狗，说实话也很可爱，在中心各处或院子里自由自在地走来走去，俨然重要一分子，闹闹偶尔也要抚摸一下它们。

可是去年学校的家长代表报告上，提到了中心有个小孩被狗咬的事件(但是这事件没有目击者)，加之上半年的电视新闻里报道了三起家狗将孩子咬伤、咬死的事件，我也不禁担忧起来。家长代表更是给教育部写信，要求禁止将狗带到中心来，但不知为何它们每回仍然出现，我询问过一位家长代表，她说发给教育部的信一直没有回音。

这个周三早晨，我送闹儿到了中心，入口处有较多的家长和孩子在排队签到。我一边看着墙上的告示，一边往里走，不小心就碰上了那两位自由自在的动物朋友其中之一。也许是我的虎蹄轻蹭到了它的某只狗爪，动物朋友急了，不期然地在我右边脚腕处猛咬一口。真是突如其来，我不禁大叫一声，下意识地转身去护住闹闹。幸好伤口不深，但是受的惊吓不小，由此不禁更令我担心闹闹和其他孩子们的安全。女主任也很吃惊，猛打她的狗，并向我道歉，然后直摇头说从来没发生过这样的事。我忍不住问起家长代表报告中提到的事件(我不记得那个孩子的名字)，问她何故还要将狗再带来。女主任否认有此事，这让我莫名气愤，打算回家找到那份材料再说。女主任强调她的狗按时打了针，也再次强调她的教育观。

我没找到材料，给其中一位家长代表打了电话，简单说了此事，并且问了那次事件所涉及孩子的姓名，然后返回中心，向女主任询问缘由。她则向我解释，那件事至今是个谜团，因为整个中心没有人看见孩子被狗咬，孩子所描绘的时刻，一位女辅导员当时一直跟他在一起，并无发生此事。学监也来调查过，不能确认事情的真实性。我陡然明白了，她是宁肯相信自己养了十多年的狗儿的忠诚，也不肯接受一个四岁孩子的指控。她同时向我保证，孩子们在中心时，她一定让狗待在车里或看牢在身边，言下之意狗还是要来的。

我不再多说什么，出门先去看急诊、打疫苗、开药。接着我便去了市政府托管中心事务办公室，跟负责人讲述了此事，出示了伤口，并且明确强调，我没有别的任何要求，更不想女主任有任何麻烦(因为认识她很久了，她的为人真的非常好，孩子们也都很喜欢她)，我只是要求狗不能再度出现在托管中心，以免威胁到孩子们的安全，毕竟孩子们也难保不小心会踩到狗爪子而触怒平素善良温和的动物朋友。负责人答应立即处理此事。

我回家时再次路过托管中心，女主任已经将狗送回了家，并且取了疫苗注射证给我，说明她的狗是安全的。我没拿证明，只希望她以后不再将狗带来就是，她承诺了。下午去接闹闹，我像往常一样跟她打招呼，没再跟她提起此事。得饶人处且饶人，何必令她难堪?

后来我给市政府的那位负责人打了电话，她请我放心，狗不会继续在托管中心出现了，我终于松了口气。碰到一位家长代表，她却说上回女主任也发过誓，可是后来…… 但我宁肯相信她，因为上次她没有亲见狗儿闹事，所以无论如何不服，这次，她自己也亲眼看见，恐怕没有理由不守诺言了。

那两只狗对她的意义，大概情同自己的孩子。我知道发生了这样的事，她不能再带它们来孩子们身边，其教育理念也受到了挑战，她的内心一定非常痛苦，我很抱歉。可是若允许她仍然带狗来，却必须将它们拴在一个地方，或者给它们带上不自由的嘴套，那样她一定更备受煎熬。

以闹妈“一朝被狗咬”事件为契机，托管中心的孩子们终于摆脱了因潜在的

“狗急跳墙”而可能导致的威胁，说来未免令人深感遗憾。但我这一次被咬，换得孩子们的安全保障，倒也值得。可是，心底里我却对那位狗的主人有一丝莫名的歉意：若不是我的不小心，她心爱的狗该不会突然伤人吧？但这样的事情同样会因一个孩子的不小心而引起，狗仍可能失去理智而对孩子造成伤害，所以闹妈被狗咬委实有点太晚了，对不住孩子们哪！

（2006-09-08）

闹闹的偶像很亲民

那可是闹闹整整盼了一年的活动呀，却和学校的庆祝活动撞到同一天了。没等学校的游园活动完全结束，我们就回了家，稍事整理，便顶着烈日去 Antony 的消防大队。

大老远就看见消防队院外一架云梯已经延展到尽头，直耸高天，另一架则搭在三楼的平台，几个帅帅的消防员（Pompiers）正轮换着一遍遍陪来访的每个老小市民往上爬呢。两边都排着长队，闹爸当机立断排在了高梯那边，至少等了整整半小时才轮到我们。闹闹又羞又激动地在偶像的陪伴下爬上了他梦想许久的云梯，攀登了有二三十级阶梯才下来。他还是太小了，云梯每一阶之间的距离对闹闹来说都是很大的，所以壮硕的消防员只好用一只大手紧紧托住小人儿的肚子，以保障他的安全。闹闹下地以后，没见他有何后怕，竟是笑从双脸生，眼睛都发亮了。

等待的间隙，暂时闲着的 Pompier 将闹闹举上消防车，抱他坐上指挥台，帮他带上厚重的金色头盔，耐心讲解小人儿有点太过专业的提问。闹闹开心地不知该如何是好，笑得都呆住了。消防大院内还有其他如喷水、录像放映及讲解、体验消防员如何锻炼、体验他们如何在接警后迅速从柱上下滑等仿真活动，还有人工呼吸等急救知识宣传。最后，院子里还有一场真正的灭火表演，真有点惊心动魄呢。小闹人还试穿了书本上看过无数次的庞大防火服。

法国消防员的形象真是一贯地好，报纸上公布的民调显示，96%的法国民众信任消防员，他们几乎是所有小男孩们的偶像，是他们眼里绝对的英雄。闹闹也不例外，对消防员的崇拜专一而持久，平日里对他们的一举一动极为关注，甚至在长达一年多的时间里，小家伙一直以“青蛙消防员”自居，真是可爱可笑。即使后来不再用这个名字了，他对Pompier的敬仰也丝毫不减。消防员赢得孩子们的崇拜，除了英勇之外，与他们的亲民形象显然很有关系。只要在街上听到消防车尖利的笛音，闹闹立刻就探着身子冲消防车驶来的方向不停地挥手。即使车子疾驰而过，上面所有参加任务的年轻且帅气的消防员们、甚至包括驾驶员，通常还是会注意到路边那个频频挥手的小矮人，对他回报以热情的微笑和挥手，绝没有一次让他失望过。这点很让我欣慰，不然我如何向他解释？偶尔有等候在急诊室外的消防员，只要他们当时不忙，若是闹闹恰巧路过并热切地打招呼，他们就会温柔地让他试戴头盔，细致讲解闹闹的提问。有一回在巴黎的公园看见一帮消防员，闹闹又开心地过去问好。看见闹爸想拍张照片，有个帅小伙就主动走过来抱闹闹坐在他的膝上，耐心地等候笨笨的闹爸拍摄完毕。这一次，闹闹喜得有些不知所措，乖乖不动弹，很久以来头一回照相既不调皮也不反抗。开放日那天，当我想要给一个消防员拍照时，他赶紧坐端正，问我是否满意，并笑着道歉说方才没注意到我的意图。每一个Pompier都很亲民、热心、耐心、彬彬有礼，而且，不得不说的是，他们都帅气得令我目眩。

将近六点，已经疲倦至极的闹闹仍不肯回家，被闹爸强行驮走。消防队开放日的影响是深远的，闹闹提出的各种问题此后折磨了二老至少好几个月。当然，“青蛙消防员”只要一提到自己的偶像，满脸便洋溢出无限神往的笑。我很感激他们还从来不曾让我家天真的小人失望过，这对于幼童的心灵真是莫大的安慰和鼓励。对微小细节的注意使消防员们伟岸美好的形象在孩子们的心里屹立不倒。

(2006-06-14)

好小伙弗朗克

弗朗克(Franck)是闹闹幼儿园早晚课外时间(早晨7：30到上学之前，傍晚放学后至19：00)的看护之一。小伙子看不出来年纪，我也从来没问过。

弗朗克脸庞瘦削，下巴较尖，长着密密的半长不长的金黄胡须。漫长的冬季，他几乎每天都穿着一件黄色的皮衣，偶尔手里夹着根香烟，轻松地笑着与家长小孩打招呼，很真诚、很调皮地亲亲往学校的路上遇见的小孩子们。天冷的时候，他戴上一顶黑色的礼帽，依然慢悠悠地走，脸上笑容如旧。

我注意到他，当然是因为闹闹的缘故。通常我都是按时接送的，有时情势所逼，也得提早送去，或者晚点接回来，这样小家伙就与弗朗克有了接触。头一两次闹闹甚觉委屈，会洒点眼泪，可是后来每次必须将他托管时，他便先问我："是跟Franck在一起吗?"听到肯定的回答，小人儿才欣欣然答应，除了嘱我不要太晚去接他，再不哭泣。我开始揣测起弗朗克的魅力来。听到许多别的家长也在谈论这个小伙子，原因是孩子们在家总提到他，都说喜欢跟他在一起。单身母亲Nicole的话比较有概括性，她说："弗朗克不是简简单单为了工作而工作，他总是真心想着为孩子们制造快乐。"秘密应该就在这里吧，孩子们的心里其实比大人更明白。任何一种职业，用心去做，愉悦了自己，也自然而然得到他人的尊敬，想来这应该是小小的真理。

我不知道弗朗克的家庭状况如何，不知道他为何选择这样的职业，也不知道内心里他是否能够完全认同自己的角色。这样的工作，没有什么压力，但是按照我们中国人世俗的成败观，是很没有出息、很没有前途的一类，决不是男人该干的活儿。但是看他的泰然自若，看他真心关爱着孩子们，我想他的内心应该是平静的。轰轰烈烈的生活未必适合每一个人，也许弗朗克宁可要这日复一日的闲适与恬淡，还有与孩子们在一起的简单与快乐?

(2006-07-25)

浓情温馨玩具馆

周三我和闹闹乘坐了公交车 Paladin，去玩具馆，还了再借。Ludothèque 这个词我也是来法国后才接触到的，该词可拆分为“Ludo-”和“-thèque”两部分，前者来源于“Ludique”，是“游戏，玩耍”之意；后者指“馆，库，橱柜”，与图书馆一词的后半部分同。跟孩子直接相关的公共福利设施，除了图书馆外，我和闹爸同样感谢不已的便是这玩具馆了，解决了人民的实际大难题啊。

众所周知，小孩对每个玩具的热度一般不会持续太久，喜新厌旧似乎是与生俱来的习性。有孩子的家庭常常苦不堪言：自家满屋子的玩具，仍是邻居孩子手里的更好。可是除了王子与公主，谁家能做到见一个买一个呢？况且好玩具常常奇贵，国内如此，在法国亦如是。刚来到 Antony 时，闹闹手头的玩具确实不多，我们偶尔便领他到 Fnac 附属的“启蒙与玩具”店(Eveil & jeux)去转悠，那里展示的玩具总有一个样品是供试用的，工作人员不仅不会冷眼驱赶，反而会热心提示与帮助。有一次，一位善良好心的法国奶奶告诉我两个玩具馆的地址，我欣喜不已，立即前往。闹爸说：“女人八婆偶尔有点用处。”哼，这回用处太大了。

次日我们立即去了 Antony 市立的玩具馆，离家较远，得乘车前往。交一份住址复印件，年费 9 欧元，办个卡，这样便可以借玩具回家了，一般借一件付费一欧元，若玩具本身买价超过 35 欧元，则需付费 1.7 欧元，而且借一送一，也就是说可以再挑一件玩具免费玩。借期两周，有时不能按时去，打个电话说一声就可延期，也不要求你再交延期费。六岁以上的孩子逢周三、周六还可以在馆内由辅导员，即所谓的 Moniteur 领着玩各类玩具，有时候玩具馆也接待学校组织的小团队，在游戏中学会团结互助。

闹闹那时还小，不到两岁半，每回去了玩具馆都眼花缭乱，左奔右突的，什么都想尝试，我得看紧点，不然弄乱东西。至于玩具本身，一般做工都很精细，也很有创意，其中木头产品占挺大比例。通常东西都是按照年龄段安置于架上，自 0 岁到青少年，一目了然。除了玩具，还有一些化妆用的道具，比如公主的飘曳长裙，海盗必备的眼罩，等等，真是应有尽有。

不过每回还玩具前夜，即是我的苦日子。擦洗并非重活，关键是要找到所有的零件，有时真是恨不得掘地三尺以找到某个小小的东西。虽说是全家总动员，其实最后还得靠闹妈自己的慧眼。闹闹有时很帮得上忙，有时则一脸无辜："我真的不知道呀。"闹爸那个家伙，自己的眼镜落在何方尚且一日三问他人，还能指望一二？他甚至对我"献馋言"："黑夜给了你黑亮的眼睛，你正好用它来寻找玩具，人民对你充满信任哪！"刚开始，仅有的一次由他来擦洗玩具，结果愣是将某个小小的零件倒掉冲跑了。幸而玩具馆的工作人员态度真是好，说没关系，这是常有的事。我主动提出赔偿，她们却说不必，有备件。偶尔一时找不到某物，告诉她们一声，下回找到再带去就行；有时忘了带租借卡，也从来不为难我们，询问姓名电脑查询就可以。跟她们打交道这么久，听得最多的就是对闹闹的真心夸奖和"不要紧的、没关系的、别担心"（pas de souci ；c'est pas grave；ne vous en inquiétez pas）诸如此类的话。看到她们这些自然而然的笑脸，听到如此体谅与理解的话语，真是心生感慨。从前我就喜欢那样一个倡议："给他人一个真心的微笑，他会传给十个人，如此翻番，笑满天下。"这应该比愚公移山容易多了，有了如今的种种经历，至少我将来会努力地这么去做，不管他人如何，做第一个示以真诚微笑的人。

紧接着我们又发现了离家很近的 Saint-Raphaël（圣-拉斐尔，Raphaël 源自希伯来语，意为：Dieu qui guérit，治病的上帝）协会办的 Ludothèque。这个玩具馆面向零到四岁的孩子，东西可以借回家，也可以在馆内玩，每周仅开放五个半天，其他时间有育儿讲座、亲子聚会等活动。注册要求也只是需住址证明，以家庭为单位交年费 19 欧元，另交一张 20 欧元的支票作为押金。任何玩具，一律每件一元借期三周，可续借一次。

这个玩具馆可是闹闹上学前一整年时间的好去处呀，真多亏了它，小人儿解了饥荒，在玩具的世界里获得了无穷的快乐，而 Antony 街头的人们也少看许多那父子俩四处游荡的身影。正是在这里，我们观察到闹闹非同寻常的专注。他常常是第一个到达，最后一个离开。他喜欢的玩具，可以在那儿来来回回琢磨两三个小时而不更换，这一点很得管理员的赞许，因为她们可是看多了孩子们的朝秦暮楚、左扔右抢，于是均以闹闹的专注为奇。若是有别的小孩想去抢闹闹手头的玩具，不用我或闹爸开口，她们已经先行干预了："别别别，不要去打扰他，他可是很认真的(Non non non，laisse-le tranquille，il est sérieux)。"玩具馆门前的院子里，还有小木屋与滑梯，闹闹在那里义卖了许多三明治和水果给我和闹爸，二老十分享受。

以上两个玩具馆的租借费用，按法国的普通消费水平来说，真是跟不花钱一样，利民便民，完全是儿童福利性质的，闹闹在他年少时候，竟有幸傻傻地享用了一把。此外，我注意到馆内质地很好的大部分玩具都是我们国内制造的，可是原来在家时却很少看见，闹妈心里不禁又是一叹，为国内的孩子们遗憾，也疼惜着国内众多的以农民工为主的廉价劳动力们。但愿不久的将来我们广大城乡的孩子们也都能像法国的孩子们一样，可以在新颖有趣而且质优安全的玩具堆里天真快乐、无忧无虑地笑。

(2006-06-30)

小城欢度圣诞节

一入12月，孩子们最焦急等待的就是圣诞老人了。还有什么比这个美丽的盼望更激动人心的呢?

小城 Antony 每年圣诞节前各种活动频繁，最开心的当然还是孩子们。幼儿园的小娃娃们在老师的指导下，忙着制作圣诞树，画圣诞老人的图像，学唱各种快乐的圣诞歌，还会在假期之前举行一次圣诞狂欢舞会。市政府主管教育的副市长则会率慰问小组到各个学校看望孩子们并分发礼品，比如闹闹去年就得到一本跟圣诞有关的漂亮图书。红鼻子小丑到各个幼儿园或托管中心巡回表演，给孩子们带去欢笑。张灯结彩的市中心繁华街道上，每个周末都会有技术高超的艺人在乐队的伴奏下边走边用五颜六色的气球给孩子们制作动物，小丑们则负责分发巧克力。

圣诞节前的最后一个周六，小城的喜庆气氛达到最高潮。整个白天，市中心剧院里边有专为孩子们表演的喜剧，多功能大厅里有各种各样以手工制作为主的活动，市立玩具馆也会将部分玩具带到会场，供孩子们自由玩耍。剧院门口广场上则少不了旋转木马，孩子们都有一张赠票，当然，一般来说，一圈是绝对不肯下来的。人声鼎沸的大厅里，有个角落最让孩子们惊喜，原来有个红衣白胡子的圣诞老人就坐在那里，跟孩子们亲切握手、拥抱或合影留念。闹闹第一次碰到这场面的时候，完全呆住了，不知是梦是真。

到了傍晚，孩子们聚集到教堂前面或其他几个大广场领取大灯笼或者荧光手电筒，然后在踩高跷的雪姑娘或其他小丑载歌载舞的带领下，欣然前往车站旁边的小公园观看烟火表演，那是最激动人心的一刻。每年的烟火表演都围绕不同的主题，一般有小丑们的表演作为前奏，圣诞老人也会适时从飘雪的林中走出来，跟孩子们握手，引起一片欢呼。2008 年的圣诞，烟火表演放了整整五分钟的中国音乐，璀璨夜空迸放的烟火体现着中国特色，略微变调的中文"圣诞快乐"突然在空中响起，就连闹闹也分辨出来了，高兴地喊着："妈妈，他们怎么也会说中文呢?"真是个大大的惊喜。

剩下的，孩子们便只有等着平安夜圣诞老人驾车来送礼物了，要耐心等哦。

（2006-12-26）

惠及儿童的图书馆

来到小城 Antony 不久，近视眼闹爸便及时发现了图书馆的存在，从此闹闹便开始跟它结缘，享受翻阅书本之乐。

法国的各个城市和大的社区都有自己的图书馆设施，除了像国图之类的某些特殊图书馆，通常馆内阅读都是完全免费且无需凭证出入的。如果需要外借，成人持住址证明及身份证件并交纳若干费用(大学生半价，有些图书馆则完全免费)即可办借书证，有效期一年，可更新。孩子们才牛呢，不仅免费办证，而且一证在手无忧畅游，一直可以用到十八岁。闹闹每次可以借六本书和几张音乐 CD 回家，借期三周，并可延期一次。

Antony 市立图书馆中整个三楼的藏书全是为未成年人准备的，可以借书回家，也可以馆内阅读，保持相对安静即可。图书室内还特意配备了适合婴幼儿坐的摇椅、软垫、小圆桌、小矮凳等，于细微处即可看出服务之用心。零到八岁的幼儿区图书按不同年龄段布置，既有适合触摸或闻嗅的婴儿书，也有各种各样的配画图书与系列杂志，制作一般都很精致，纸张很舒适，彩色插图尽管风格不一，在我这个没有美术天分但凭直觉观察的人看来，大部分都很美！记得有一套从日本翻译过来的《松鼠一家》系列图书，除了有趣的故事，书里边浪漫温馨、热烈生动的插画给了我们强烈的震撼，闹闹也非常喜欢，总是自己抱着翻看。他还特别喜欢《爸爸……》系列，摊开的每两页纸上是一幅画，只有短短的一句配文，比如“爸爸不喜欢我用窗帘擦鼻涕”等，通过日常生活的种种夸张画面，幽默诙谐地演绎了父亲与幼子斗智斗勇又亲密无间的厮混关系，传达了快乐和温馨。闹闹每回看这套书，都跟闹爸笑作一团，乐得直打滚。在幼儿区的图书中，我还看到了有关父母离异、重组家庭、死亡、疾病这类敏感话题，很受震撼。看来法国人不刻意回避这些现实问题，却以很巧妙委婉的方式解释给孩子听。这一区的图书中，科学类的也有涉及，各种小百科很受欢迎。关于中国的书籍我也看到不少。

较大年龄的孩子会喜欢连环画，所以图书室内有一大片区域陈列着各式各样的连环画。这类书籍在法国还挺火爆，年年都有推陈出新之作，甚至还有专门为此举办的书市和连环画节。闹闹以前还不太喜欢这类书，现在自己能阅读了，便也常常借阅，看得津津有味。

剩下的便是八岁以上的少儿刊物区域了，藏书非常丰富。这里的书籍分类几乎跟成人读物一样完备，文学、历史、科学、哲学、宗教、社会、百科，等等，书籍的内容则相应会浅显些，适合青少年消化吸收。

Antony 图书馆的儿童阅览室内还有另一个相对独立的空间，里边定期举办各种故事会或讲座，邀请专业人士主讲，每到周末，便会吸引很多孩子前往倾听。儿童阅览室的开放时间正好跟中小学的课后时间巧妙对应，即学校那边放学，阅览室开放。其余时间段，儿童阅览室接受市内各个小学的集体访问。以班级为单位，提前预约时间，老师带着全班同学来到这里，图书管理员先给他们讲一个故事，然后每个孩子凭自己的喜好自由选择一本书，统一借出，带回学校，一个月内班内流通，下月归还重借。

书是人类最好的朋友之一，从小有好书相伴的生活想想都觉得美妙。我自己小时候渴求书籍而不得的坐卧不宁犹在眼前，看到这里丰富的图书资源以及一切为了孩子着想的良好阅读环境，真的只有满心的羡慕和感慨，还有大大的希望，给远方。

(2006-05-25)

乐不思归玩具园

“Playmobile”在欧洲是一个很有名的玩具品牌，至少在法国深得孩子们的喜爱。该公司在距离 Antony 乘公共汽车十分钟路程远的某商业小区设有一个面积很大的室内玩具园，三岁以上，不管大人小孩，单一票制一欧元半，可以在里边玩上一天，只要你有耐力坚持到关门。

玩具园按主题划分区域，有农场、热带雨林、冰天雪地、军事要塞、城堡、王宫、工地、火车站、海盗，等等，真是应有尽有。出园子之前，则必经玩具零售区，但是销售的意愿并不太过张扬，仅占一小块地盘，商亦有道。孩子们进园以后可以随意玩耍，只要不过分或故意毁损玩具，没有任何人会来干涉。

进得门来，孩子们常常一下子就被眼前的景观所吸引，流连忘返，到后来该离开玩具园了，比如闹闹，才着急地说：“我还没玩那什么什么呢！”玩具园里边的工作人员大多数是打工的大学生，他们不时到某些区域稍事整理。每天还会有一两次寻宝游戏，孩子们熟知的巨大玩具偶像走在前面，后边跟着一大群叽叽喳喳志愿参与的孩子们，主题不一，通常持续半小时左右的时间。我领闹闹去过几次玩具园，若是中间有月余的间隔，则最里边的那个区域一定有了新的变化：夏天是水渠与喷泉，下回则改成了工地，再下回可能又换成了铁轨。我曾跟一个女孩交流，问她是否在那里干全工，她笑说幸好不是，否则一定得疯了，毕竟里边的喧闹与相对的杂乱还是挺让人头疼的。

有一回，我原本只是想带闹闹去商业中心买双小雨鞋便回的，因为他前一日已经兴致勃勃地跟我约好了第二天去沙坑，而且我也随身背上了满包的家什。可是到了商业中心，虽时隔三月，小人儿还是想起了什么，一个劲地说：“妈，你很久没带我去那个很好玩的地方了。”我暗笑，便要他带路，如能找到我们就去，否则就只能回去玩沙子。我们先去挑好了长颈鹿雨鞋，不过因为我包里的东西太多，带着不方便，遂跟收银员说好先存放，返回来付钱。没想到这一举动后来帮了我一点小忙，佩服我自己的先见。

闹闹一进玩具园内，兴奋地几乎不知该如何走路了，全是小马驹奔腾跳跃的姿势。他照例先进农场，开拖拉机，收割庄稼，放养牲畜，不亦乐乎。为了避免他晚些时候临走了才后悔，我连哄带骗将他带进园子深处。各处浏览触摸盘桓一段时间后，闹闹来到火车区，那可就坐下不走了，差不多三个小时，他变着法子玩，将家里学的火车知识在此进行充分实践。孩子们走了一茬又来一茬，闹闹仍在原处做忠实的铁路工人或执著专注的司机！最后，当我强烈建议他去趟洗手间的时候，小人儿直嚷嚷："快跑，憋不住了！"多么痴狂！

已近傍晚，我提议闹闹去别处看看然后该回家了，可是一听回家俩字他就直摇头又摆手且带着哭腔说："不回家！不回家！"我摆出了至少十个理由，比如天要黑了、要下雨了、肚子饿了、没有车了、要关门了，等等，竟然都没有效果，不可思议！我沉吟一会儿，缓缓地说道："再不出去，可能雨鞋会被别人买走。"小人儿这下子才着急了，连忙爬起来，说："妈，我想去别处玩会儿了，然后我们就去买鞋吧?"嘿，你的天真怎能斗过我的狡猾？妈妈知道怎么捏你的软肋。

闹闹最终还是一步三回头，恋恋不舍地走向出口。在出口处，我特意问了一个工作人员，他们的玩具园是否盈利，因为在我看来门票实在是很便宜的，其实相当于免费。她笑着回答我，说以前其实是不收门票的，可是很多家长来了以后，将孩子往里边一扔竟顾自购物去了，他们这里遂变成了免费儿童娱乐中心，因此未免有些监护方面的问题产生，不得以只好略收小费。又说可能办园的宗旨仅在广告效应，而不在乎盈利与否。我又问起会不会有玩具丢失的现象，因为任何物件都没有贴上可以蜂鸣的防盗条。她告诉我丢失的现象是肯定有的，但是添加防盗装置成本太高了，完全不可能。此外，他们每周都要清点一次，一方面有在所难免的使用损坏，另一方面当然确实会有极少数人将玩具悄悄带出(收藏癖)，或是孩子不懂事想要据为己有，不过总的来说还算好。如此看来这完全在于人们的自觉性了，在这方面，法国人相互之间的信任感还是挺强的。我挺欣慰，虽然闹闹很爱里边的玩具，每次离开时却从未起过一丝要带走某件东西的贪念，真好。

(2006-08-25)

"城中城"里的快乐

坐落在巴黎市北部7号地铁线 La Villette 站旁边的工业科学城可是个好去处。虽然我们离此地甚远，可还是每月至少去一趟，因为不仅闹闹钟情于此，我们也一样喜欢。以家庭为单位的年票，非常人性化，一年65欧元，可以无限制出入，否则仅儿童城的门票就要单人单次6欧元。像闹闹这种出入的频率，买年票实在太划算了。

科学城很大，既有常设的工业与科技展览，也有短期专题节目，除了各类展厅，还有漂亮的球型影院 La Géode 、多媒体阅览室、立体电影、水族馆、退休潜水艇等其他设施，丰富多彩。闹闹年龄渐长以后，对这些科技展示项目的兴趣也有增强与变化。城内丰富，城外也精彩。大公园里有巨大的恐龙型滑梯，闹闹总是称为"龙溜溜爬"。过桥走到水渠的另一侧，还有个专属的游乐场，各式滑梯、蹦蹦床、沙子、脚踩风力发电、吊床、躺椅，真是应有尽有，孩子们无不流连忘返。

我们每回去，多半是先领闹闹到专设的儿童城(Cité des enfants)里边去疯狂(分2~7岁和5~12岁两个专区)。两个区同时开放，我们通常在两边先后各玩一场，如果小人还不过瘾，就再定一场，因为有年票，不受限制。90分钟的时间内，孩子们得以充分调动五官的积极性，动手又动脑，可以最直观地了解到大自然的奥秘与科技的发展进步，从日常生活到尖端科技，从远古到现代乃至未来，从宏观到微观，从有生命到无生命，从严肃的到俏皮的，从静止到动态，从脑力活动到体力活动，等等，几乎各个层面都有所涉及，具体而微又重点突出，绝非流于泛泛。在这一个半小时内，还预留了一个约二十来分钟的科学讲座(大孩区)或木偶剧表演(小儿区)，孩子们席地而坐，托腮静听或积极举手参与互动，现场的气氛总是生动而热烈。

每回在儿童城里，闹闹都玩得兴高采烈，满身大汗，最终筋疲力尽才出门。

但他居然总是强撑着要求去多媒体阅览室看看他非常喜欢的捷克幽默迷你系列电影 *Pat et Mat*，或者戴上特殊眼镜看一场三维科技影片，有时还得再去楼下跟那些各种各样的可爱鱼儿们打个招呼。可是一坐上回程的火车，小家伙立即摇头晃脑，片刻入梦，对父母有着百分百的信任，哪管你去东南西北中，总之方才他已经充分快乐过了。

（2006-06-21）

雪之梦想

每年的元旦前后这一周，1998 年齐达内率众在此实现冠军梦想的法兰西体育场便被改造成神似白雪皑皑的阿尔卑斯山滑雪胜地的游乐场。瑞士著名的 Milka 巧克力公司赞助的此次活动，其初衷是响应“Secours populaires”（平民救助）协会的号召，以给那些无力在圣诞节期间出门度假的平民家庭子弟提供一个相似的娱乐机会。

法国的带薪休假制度，这一晃已经实行 70 多年了，度假的观念深入人心，不能出门度假甚至成为某些家庭或儿童的内心隐痛。所幸总有一些热切的目光在关注这些弱势群体，因此常常会有这些美丽且富有人情味的活动给孩子们带去些许欢乐。只要是欢乐，哪怕它是短暂的，也能给他们留下美好的回忆。遗憾的是，许多经济状况不太好的家庭，由于外部环境所限，父母常常缺乏良好的心境，疏于对孩子的各方面教育，也不太关心孩子的需求，即使有这么多很好的活动，却不是总能带孩子去参加。闹闹的父母，在这花都巴黎，乃普普通通的自费留学生，经济实力当然很弱，可是他们以自己的爱心、细心、慧心、耐心、恒心（当然也还有永远的操心和偶尔难免的闹心），为这个小小人儿撑起一个宁静而快乐的小家，同时怀着感恩的心充分利用着这里丰富的文化与教育资源，让他快乐而无忧地慢慢长大。看着他快乐，我们也快乐，其实那也是对我们自己被疏忽了的童年的一种有力补偿吧?

因为网上的票早已售罄，所以只能去早些撞运气，还真没白跑一趟。我也不知哪来的盲目信心，就是觉得肯定不会失望而归。天仍是阴沉的，幸好没下雨，不过在体育馆内，风力小很多，并不很冷。因为人很多，拿到馆内活动指南，我们立即采取战略，妥善安排，以便尽可能少浪费时间在排队上而多参加几项活动。对于我们一家三口来说，好多第一次都献给这个梦幻般的体育场了：第一次滑雪，第一次蹦极，第一次坐雪橇，第一次挤奶，第一次攀登冰岩……闹闹倒是悠哉而无畏，对什么都充满好奇，什么都乐于尝试。滑雪场上，哪怕只有短短的一段坡，摔跤也总是难免的。难为那个穿着似黄色企鹅般的小人儿，一步一步挪到坡顶，竟然有点雄赳赳气昂昂的意思呢。年轻帅气的滑雪教练也很有意思，每回都不忘捏一个雪球交到孩子手里，让他们到达终点时去投掷前面的大牌子，结果闹闹立即入戏了，每次再走上雪坡顶端时，还没站稳就先蹲下身子趔趔趄趄去捏雪球。

体育场内还设有一个展示瑞士山区自然景观的小村子，里边的一大排小木屋里放置着不同的高山植物或动物皮毛，或让人闻味道，或让人触摸，或辨别声音，来确认物品的名称。闹闹在里边还做了一回挤奶工，参观了巧克力制作流程，当然也得到一块大巧克力的奖赏。

在这个曾经烽烟弥漫的体育场内，我们得以用一天的时间浅尝了梦幻般的、浓缩的冰雪世界，快乐满心间。真心感谢这样美丽善良的雪之梦想。

(2007-01-04)

农场里的笑声

小城 Antony 每年 5 月的最后一个周末会在 Marc Sangnier 公园里组织一次“乡村、自然及园艺展”，给平素远离农村生活的孩子们提供一个触摸大自然和了解农业活动的机会，倘若天公作美，这里便是欢乐的海洋。展会一般附设如攀岩、蹦床等游艺活动，让孩子们体验到极大的刺激与快乐。当然，参加所有活动都是免费的，只是有的需要提前报名，有的只要现场排队等候就可以了。

展览会对大人小孩来说都是开眼界的好机会，孩子们更是可以亲自试穿农夫的木屐，像模像样地挤奶和打黄油，跟园艺工人学习种花及插花艺术，学习现场制作瓷器和烧瓷，实物绘画，等等。现场完成的作品可以带回家，一路上倘若引起路人注目，闹闹总是十分自豪地向人家介绍来由。

公园里还有很多驴子或小马驹，供孩子们骑个小小的来回，还有专业马童伺候呢，怪不得小人儿笑得合不拢嘴呢。公园里最热闹、最受孩子们欢迎的是农场情景剧表演，一天至少有四场演出。饶舌的农场主随机邀请两三个小孩参加农场劳动，给他们系上可笑的围裙，男孩戴帽，女娃裹头巾，她们的屁股后边更是被塞进一大把草料，眨眼即变成了地道的农妇。于是由乔装打扮好的孩子们拿着奶瓶去喂迫不及待的小羊。孩子们通常都控制不好，又惊又喜，又怕又很想尝试，所以奶瓶常常被调皮的羊儿一口夺走，纯原生态的表演逗得观众莫不会心大笑。表演结束后，围观的孩子们都可以进到圈地里边，亲自抚摸或喂草料给各位农场成员，羊儿、小猪、小兔们人人都爱。

孩子们快乐的笑脸让纳税人交了钱也舒心呀。

（2006-05-28）

复活节寻彩蛋

每年的复活节，小城 Antony 市政府青少年事务管理中心都会组织当地三岁半至七岁的儿童在公园里举行有趣的寻彩蛋活动。当然，彩蛋都是巧克力扮演的，并非真正的鸡蛋。参加者只需提前报名，家长签署责任承担书即可。

这一天，天公作美，风和日丽，娃娃们都兴高采烈，手里提着篮子或袋子，皆准备大大作为一番。

报名表按性别各自扔进一个箱子里，等待活动结束时的摸奖。草地上早已经撒满了小小的巧克力蛋，彩色包装纸在阳光下熠熠生辉。

发令枪响，孩子们飞快跑进草地，闹闹被旁边孩子绊了一下，幸未摔倒。他倒还算灵巧，在队伍的前头不停地蹲下、拣起巧克力、放进袋子，并且随人群越走越远，我竟然看不见他那小小的身影了，不过知道安全有保障，所以并无太多担忧。

突然间，远远看见从对面草场边缘的人群中冲出一个拎着袋子一路飞奔的小孩，嘴里还不停地叫着“妈妈，妈妈”，原来是闹闹。哈，他是第一个撤退往回奔的孩子，真是知足而返的标兵，我不禁笑问闹爸是否这个也会遗传。一路飞奔的小人儿脸上那快乐满足而自豪的神情，令我动容。他扑入我怀，忙不迭地说：“妈妈你快看！”我拎了拎袋子，沉甸甸的，打开一瞧，还真是不少，远远超出我的期望值。我和闹爸不禁夸奖他参与得非常好，勇敢敏捷但又毫不贪心。闹闹笑得更欢而腼腆，结果这一整天他常常反复问爸爸：“为什么你们说‘以我为骄傲’呢?”原来，除了捡蛋成果斐然且不贪多之外，闹儿还将自己手中的另一个气球送给了一位因氢气球飞天远去而伤心哭泣的小男孩，而且他还主动将自己的战利品分了一些给同一层楼上的两个小伙伴。

孩子们都收获颇丰，阳光下的草地变成了欢乐的海洋。真是羡慕他们美妙的童年时光。

（2006-04-25）

音乐启蒙课

去年 11 月份开始，我们送闹闹去 Antony 市属的文化体育活动中心参加音乐启蒙课。虽然留学生活清苦，但是必要的教育，不忍耽误他。我们初来乍到这个小城，能发现音乐启蒙课，乃是闹爸的功劳，平时粗线条的他，该细致的地方却不含糊。

这种音乐启蒙课专门给三岁以上的小孩开设，在自由宽松而活跃的课堂气氛里，完全借助游戏的方式和形体语言，让孩子们接触各种乐器，发现不同的声音与节奏，进而去认识音乐特有的符号。每周上一次课，五十分钟时间。倘若按课时算计，每次课其实才付费 5 欧元，即使是对该国最低收入家庭来说，也并不难承担。但是来学的孩子也不算特别多，一方面是法国各种文体活动较多，分散了，另一方面，可能还是跟家长的教育观念有关系。比如来听课的孩子中，有些其父或其母本身就是搞音乐的，有的家庭好几个孩子在文化中心一上午分别上不同年龄段的课程。法国人还是占了大多数，但是亚裔的比例相对来说就比较高了，黑人也有一些，阿拉伯裔人就几乎见不到。原因比较复杂。

今天是本学年的最后一次课，也是一次公开课(porte ouverte)，欢迎家长们在场观看。我和闹闹赶到时，教室里已经塞得满满的了。孩子们席地而坐，有的因家长在场而更自在，有的则反而拘谨。女老师多米尼克(Dominique)正快乐地给孩子们安排位置分发乐器。在多米尼克的歌声或琴声的引领下，孩子们很有节奏地同时表演了双手击鼓、单掌摩鼓、指尖挠鼓，或者大孩子敲击音阶的同时小孩子小的击棍，最后还有表演唱等节目。当然赢得在场家长们的热烈鼓掌。

与正式的音乐会比起来，孩子们的表演自然显得相当稚气，可是这么小的音乐家们已经可以一块儿齐心协力制造出令人愉悦的声音与旋律，怎么也该算是不小的惊喜。说他们的未来不可限量也许过于夸张，但是这从小播种下的热爱音乐的种子，必有一天会开出美的花：未必人人成为音乐家，倘若一生都能亲近音乐，与优雅的旋律相伴而行，足矣。

(2006-06-18)

别开生面的音乐会

古典音乐，对于我这样没有专门修习过乐理也不懂任何乐器的人来说，欣赏起来是相当困难的。前些时有幸带闹闹去聆听了一场针对儿童的启蒙教学音乐会，感受颇多，为文以记之，愿与朋友们分享。

圣诞节前，闹爸因为一次担任翻译的机缘，认识了法国国家电台负责音乐节目录制与全球播放的负责人。这位女士有过在中国工作的经历，她全家都对中国怀有特殊的好感，她那与闹闹年龄相仿的儿子能用流利的汉语发表演讲。几天后这位女士守信给闹爸寄来电台的音乐会详细节目单，并且给我们定了这场启蒙教学音乐会的三张贵宾票，我们得以享受了一回特殊优待。提起这些，无意于炫耀所谓的“贵宾”身份，而是要感谢普通法国人对我们这样的普通留学生的善良与关切，他们身上绽放出来的朴素美德，常常给异乡人以莫大的安慰和鼓励。

2009 年元月 24 日，周六，音乐会 11 点开始，我们十点钟就到了法兰西电台音乐厅门口。没想到蓝色护栏那里早就排队等候着一些家长和孩子了。我问了排在最前面的一位老者，他说就得这么早来才有好位置。入场后我发现他一家就坐在我们身后，最靠近预留席位的位置，而不是我想象中的最前排，看来这是个音乐会的常客，熟知音乐厅的哪个部位音响效果最好。

这次的启蒙教学音乐会，主讲人是巴黎高等音乐学院的教授，1960 年生、正值盛年的钢琴家、作曲家季杰尔(Jean-François Zygel)。十五岁入读巴黎高等音乐学院钢琴系的季杰尔，其音乐生涯光彩闪耀，曾经担任法兰西电台爱乐乐团的钢琴师。近几年来，他更是活跃在法国电视台和法兰西电台协办的面向公众的教学音乐节目里，为孩子们和音乐爱好者讲授音乐会的入门知识及乐队要旨，以其磁性悦耳的声音，浅显易懂的解析方式，幽默风趣的主持风格，高超的即兴弹奏水平，以及谦虚和蔼的迷人笑容，赢得了专业与非专业人士的高度赞赏和喜爱。

和往常一样，配合此次教学示范的是法兰西电台爱乐乐团，因演奏曲目所需，这回出场的都是弦乐演员。法兰西电台爱乐乐团的指挥是韩国的郑明勋(著名小提琴演奏家郑京和之弟)，乐团同时也是联合国儿童保护组织的亲善形象大使。当天的场上指挥仍是季杰尔。首席小提琴独奏演员 Svetlin Roussev 的名字我是第一次听闻，他年方三十二，看上去温和沉静，保加利亚人，5 岁随母习琴，十五岁入读巴黎高等音乐学院，以优异成绩毕业，曾荣膺多个国际大奖，占据着包括伦敦爱乐乐团在内的多个国际知名乐团的首席小提琴独奏席位。

季杰尔这次所选的示范曲目是英国作曲家本杰明·布里顿(Benjamin Britten)二十四岁时(1937 年)题献给恩师弗兰克·布里奇(Franck Bridge)的《弗兰克·布里奇主题变奏曲》(弦乐曲)《Variations sur un Thème de Franck Bridge》。在季杰尔娓娓动听的解说中，我们了解到，布里顿被认为是英国"二战"后、甚至是 17 世纪末期以来最伟大的作曲家，而这部令他在国际乐坛初步成名的作品是他仅仅花了 10 天工夫完成的。据说，布里顿十一岁时聆听到布里奇亲自指挥的交响诗篇《大海》后，被深深震撼，从此决定投身音乐，十五岁时成为布里奇唯一的作曲专业学生，缔结了美好的师生情谊。

一个钟头的时间里，季杰尔不仅介绍了弦乐团队的组成与功能，并且用一些公众普遍熟悉的名曲，分别指挥小提琴、中提琴、大提琴和低音提琴团队逐个示范不同的效果。接着，他将这部作品的十个变奏逐个解说，指挥乐队分解演奏，再合成，令听众感觉到组合演奏的无穷魅力。季杰尔对伴奏的重要性也做了很好的示范。比如，他让小提琴协奏同一个曲调，自己则即兴在钢琴上用三四种不同的方式伴奏，视听的效果是截然不同的。他的解说，并非生硬的技术讲解，每一个变奏，他都会用大家熟悉的名曲，或者孩子们很熟悉的儿歌，让乐队演奏，或者自己直接以钢琴示范，幽默风趣而浅显易懂，甚至连国歌也可以被幽默。孩子们不时朗声大笑，掌声雷动。季杰尔还很善解人意，因为听音乐会何时鼓掌是门学问，大人也不一定很了解，孩子们可能更茫然，所以他在该鼓掌的时候，总是予观众以适时的手势提醒，这样，观众不窘，乐队的演奏也不至于被错误打断。季杰尔和乐队的配合十分默契，他们之间偶尔乍现的调皮也令满场响起会心而欢快的笑声。有一阵子中提琴和大提琴在他的指挥下变身成吉他弹奏，也让大人孩子大开眼界，掌声经久不息。教授的讲解，还常常间有生活的感悟与哲思的灵感。他说：“人们普遍喜欢过节，因为忧伤需要用节日的喜庆气氛来驱赶。可是你去观察，每一次过节，并非所有人都开心，总是有些人高兴，有些人强颜欢笑，他人越喜庆有些人的内心越忧伤，所以，一个乐曲通常也不会是单一的声音，你们仔细听这一部分，有欢笑，也有呜咽。”他的这段话，伴着美好的乐音，不由分说击中了我那每逢佳节倍思亲的易感的心灵。

此次音乐会是面向普通家庭的，门票仅售大人 8 欧元，儿童 5 欧元，比常规音乐会的门票便宜很多。大人需陪同小孩才能获准入场，原则上来说小孩必须满 7 岁才能进入，但是仍然看到很多家庭带着不满周岁的孩子。这一方面显示出法国普通家庭对音乐教育的重视，同时也说明公共机构和大众的宽容，因为一般都是多子女家庭，没人可代为托管，只好悉数携来，除非小家伙在里边哇哇大哭，一些小声咿呀是被容忍的，因为在特殊的音乐厅里，观众席位的细微声音并不会影响到节目的录音效果（此类节目都将会在音乐电台稍后播出）。

最后，音乐会在观众们持久的掌声中结束。季杰尔还补充了乐曲作者的一个小故事：布里顿小时候很想要一个收音机，可是父亲认为这个东西太简单省力了，一按就能出声，会让儿子变得懒惰，所以一直没有给他买。而作曲家的这部作品，在 30 年代，正是首先靠了电台的传播，普通听众才有机会接触到。电台，一直是音乐传播不可或缺的途径。

这场教学音乐会，也让我充分认可了网上网下爱乐民众对季杰尔的热评：听了他的讲解，会让人油然腾升起去“听”和“学”的强烈愿望。音乐是一切艺术中最高妙、最需天赋的，技艺高超的创作者廖若星辰，体验者无数，感知的方式是自由的，其结果也会有很大差异。而法国公共机构这种贴近大众、重视儿童、廉价而绝不廉质的文化传播理念与教育方式，是可供我们逐步借鉴的。阳春白雪，可以这种方式贴近平民，是我第一次接触，感触很深。

（2009-01-21）

万水千山走遍

2008年8月下旬的一个周日，我们仨到坐落在巴黎西南郊的“迷你法国”(France Miniature)公园去玩。浓缩的未必是精华，但是如果没有时间周游法国，带孩子看看浓缩的全景也是很不错的。在一天的时间里将万水千山走遍，显然是个太过宏伟的计划，亏得这“浓缩”，才有了实现的可能。

在空荡荡的郊区火车上，闹爸故意提醒小家伙进了小人国后一定要低声说话，以免吓着那里的居民，或者一口气就把小人们给吹上天去。闹闹对此半信半疑。

虽然我们乘坐的是公共交通，但是从出了火车站一直到公园，那趟漂亮舒适的公共汽车上只有我们一家三个乘客，热心的司机违反停车规定，索性直接将我们送到公园门口，在重新发车之前，他甚至没有忘记特意提醒我们返回时的乘车点在别处。我们感动、感谢、感慨。

“迷你法国”公园是按照法国实景缩微布置的，占地约5万平方米，将法国的地理风貌，山峦河海，著名景点，各地民居都充分展示，而且制作精巧精细，很显用心之深。许多景点我们都已熟悉，此时再见，格外亲切，当然会有一番比较；更多的却只是耳闻过甚至从不知晓的美景，因此有了个大概的印象，从此添了份向往。法国的历史文化遗产保护工作做得比较出色，也就是凭了这些(很多甚至是断瓦残垣)，法国几乎连年成为世界第一旅游大国，即使遭遇全球经济衰退的危机，八方游客仍然不减。

当然，对闹闹来说，最开心的莫过于看到了公园里随处可见的小铁路和不时呼啸而过的各式电动火车，从最快的高速火车TGV到慢悠悠的蒸汽老火车，一应俱全。那些跟他一样不约而同欢呼着追赶火车的少年们霎时让寂静的大公园不安分地涌动起来，充满了令人愉悦的生机与活力。他们惊喜而稚嫩的呼喊声此起彼伏，伴着花草的幽香，飘荡在这浓缩的千山万水之间。

行至公园一角，湖对岸是休息与游乐的场所，凉棚下的长桌长椅供游人歇脚或野餐。许多游客都是一众亲友相约而至，这里确实是个聚会的好地方。各项游乐设施都是自助的（费用已包括在公园门票里），很安全，一个工作人员都没有，游客可以无数次反复参加活动，反正只要按规矩先来后到排队就行。当然，还得有足够的体力，加一点儿必不可少的胆量。至少两层楼高的滑梯、“翻跟斗”、“猫爬树”、“飞船落水”、“悠悠”、“空中缆车”、“模拟驾车”等，从所有这些设施那里，无一不时时传来大人小孩们因为极度刺激而爆发出的快乐尖叫声。

我们一直在“迷你法国”公园里玩到下午六点多，兴尽而返。在车上，我那已经累极了的闹闹一开始嘴巴依然噼啪直响问这问那回味无穷，后来终于抵不住困倦的袭击，歪倒睡着了。也好，我的耳根终于稍得一时清静。

（2008-08-25）

“坏掉的孩子”怎么办？

闹闹上幼儿园的时候，傍晚我总是尽量提前赶到学校门口，静静等候。

这样每回早去，贴着玻璃门看孩子们唱着歌走出来，心里常常盈满感动。有一个班级总是从另一个大厅出来，经过走廊回到教室去。看久了，我便疑惑为何队伍的最后总跟着一个我不认识的中年女子，她并不是学校的服务人员呀。终于有一天，我忍不住向这个班的一位学生妈妈打听情况，她很快地说：“啊，她是专门来陪着 Justine 的。”经她提醒，我才猛然注意到确实她每次都是拉着那个小女孩的手出来的。在这之前我并不知道小女孩的名字，但是认识她已经一年多了，因为她确实是稍稍有些异样而容易吸引注意的。比如早上我送孩子到大厅，她有时会过来抱住我，叫我妈妈，或者说些听不太清楚的话，令我的心瞬间揪痛成一团。后来才知道那个高大优雅总是脸带微笑很面熟的女子就是她妈妈。闹闹最近又告诉我说 Justine 的哥哥也在 Mme Garcia 班上，幸运的是，那是个健康的孩子。

谜团解开了，我心底所受的震撼却强烈而持久。除了感动，我更为 Justine 的母亲感到一丝无奈之余的庆幸。国家的多方救助，对于这类家庭来说，乃是不幸中的幸事，如此安排，至少可以让上班的母亲少一些牵挂，多一份安心。闹闹的另一位同学 Vincent 的哥哥也是不能自理的，整日坐在轮椅上，母亲全职在家照料他，但是每周特定的几天，会有一辆专车接送他到某个特殊学校去度过三两小时的训练。这样的家庭当然是不幸的，但同时也值得庆幸，因为这些孩子生在法国，能享受到浓厚的人道关怀。

记忆陡然回到 2000 年的北京夏天，耳边响起一个六岁的法国女孩在街头跟我说过的话。当她问知了人行道上那一段一段的凸起是盲道时，悠悠地说道："每次看见那些身有缺陷的人，我都难过得想要流泪，我就想自己一定要尊重他们，尽可能地帮助他们。"有这样心地赤诚的小小国民，整个国家对残障人士的尊重保护及优待蔚然成风当然不足为奇了，这是法制与教育双管齐下的良好结果，想来光靠道德对个人的约束是远远不够的。

我曾在巴黎十大办公楼里注意到这样两个人：一个是我们研究生院的秘书，一个高高大大的小伙子，工作认真态度温和，却很明显长着一副对眼；图书馆还书处则有一个中年男工作人员，总是带着甜甜的笑，仔细观察，却发现他是稍稍有点智障的，但是并不妨碍他干好很简单的本职工作。这样两个职位，若是在我们国内，大抵是轮不到他们的。

从来我也没认为法国就是人间天堂，其实这里也有乞丐，也有很多的无家可归者，但是相对而言，在这里分明还能让人看到一丝希望。无独有偶，我在博友丁香的博客里读到过一篇《"坏掉了"的孩子》，讲述的是美国社会如何保护残障儿童的故事，感人至深。孟子所描述的"老有所安，幼有所长，鳏寡孤独皆有所养"的社会理想，在这些异邦得到了一定程度的实现，真正值得我们一思二思三思啊。

（2007-01-09）

家有黑邻“马鲁达”

马鲁达本名Marti(马尔蒂)，芳龄有二，体格健壮，乃喀麦隆黑爸与阿尔及利亚白妈之混血儿也，故承袭了父之皮肤，母之相貌，倒也温婉可人。只因前阶段看法国足球队比赛时，我猛然发现队员马鲁达的面孔竟然跟我们家的小黑邻极为相像，说与闹爸听，大获赞同，所以私下里我们便如此叫他，最后连闹闹也叫上了“小马鲁达”。可是闹闹毕竟比爹娘单纯，当着Marti的父母面也这么叫他的小伙伴，搞得我很不好意思。幸好那名字至少不带贬义，经我解释之后，其父母也笑说有点儿像。

有马鲁达在，我们家的安全很有保障，闹爸说不给发点“安全防务工程师”应得的报酬，似有欺负童工之嫌。我们两家房子紧挨，共享长长的楼道(大学公寓)，因为夏天闷热，我们经常用把小凳子挡着门，使凉风穿户而过。于是只要一听见我们家有点风吹草动，马鲁达立刻出来到我家门口，门未开他便敲敲，门开着他则扒着缝隙向里张望，或者一屁股就势坐下，但从不言语，完全没有半句废话，对我或者闹爸的任何问题绝不置答，即使是跟小伙伴闹闹，也从无语言上的交流。他只是瞪着一双似有些无辜的大眼睛，默默观望。有时候我们只觉得一团黑影飘将过来，倘未加注意，猛然发现他的存在，还真被吓个激灵。对我们老两口他显然没什么兴趣，他是在等闹闹。只要小伙伴一出现，伊的眉眼立即舒展开来，笑容的纯净多少掩盖了些因绵绵不绝的鼻涕而带来的负面效应。于是闹闹干什么，他立即效仿，闹闹若骑车，他便在后边哼哧哼哧跟着跑，不时开心大笑、尖叫。我有时甚至担心闹闹若总跟他玩在一起，“根据热力学第二定律”(闹爸说那是他们读研时一位室友常常挂在嘴上的)，智力会有所倒退(我为自己有此想法感到可耻，不过想到孟母三迁的典故，稍心安些)。马鲁达在门口守望的时间长了，经常专注地看着我打开冰箱拿东西，对我们家的吃食用度估计是心里跟明镜似的。瞧他那样痴痴地张望，我试图酸酸地泛点诗意，刚刚张口说了句:

“马鲁达，你在‘倚门回首，……”那边闹爸却立即毫不留情地续了句“却把臭袜嗅”。唉，俗夫不解风情至此，叫我说什么好！

马鲁达其实已经能说些简单的语词了，但只针对他的父母，决不跟哪怕是熟人闹闹说上两句，更不可能跟陌生人说话了，不知何故，兴许有点哑僧的淡泊与超然？据他父亲说，在家时，嘴里常念叨着“闹闹”，拉其父的手要求出来找伙伴。看来闹闹是他人生第一位乐意追随的偶像啊。

可是这位小黑邻，虽说是家里目前惟一的孩子，年龄也还很幼小，却老是惹怒他母亲，时不时换来一顿痛打，当然少不了一通哀嚎，我听得极为不忍。此外，他每天在家摔倒的次数难以统计，我能明显听到“咕咚”一声伴随响亮哭喊的，便至少有五六次之多，如此已经年余矣，这对比邻而居的我委实是不小的折磨。真不知道他那母亲是怎么看孩子的。我曾问过他妈，马鲁达何故挨打，回说：“Il fait des bêtises，ça m'énerve（他干蠢事，惹我烦）。”问世间，“蠢”为何物，直叫马母下辣手？让我们到哪里去找不干蠢事的孩子呢？孩子之所以为孩子，不就是纯、蠢而可爱吗？想想闹闹在两岁以前，哪里有过挨打之苦？他干什么都让我觉得充满童真与创意，统统归结到他成长历程中的又一重大进步，怎么能恼怒起来呢？即使有错，也该重在说理，而不必启用棍棒吧？我问过小黑邻的妈妈，所谓蠢事，也无非就是这里碰碰，那里摸摸，或者往地上砸碎个鸡蛋（从前闹闹美其名曰“鸡蛋爆炸了”）、摔破几个碗之类的事，竟能让当妈的将他一顿噼啪乱打？罪过罪过。还是那做母亲的人内心不平静、不安宁之故吧。

常常发现，阿拉伯人家庭中父母对孩子有时过于放任，有时过于残忍，真正该管教的错误却置之不理，不知何故。也许跟他们的宗教有关吧，比如孩子们在楼下玩，很明显的，阿拉伯孩子看见别人的玩具，上去就抢，他们的父母却几乎从不干涉。同样的情况下，法国父母则通常会非常严厉地批评或惩罚。有一回一个法国妈妈教训完她的孩子后对我说：“今天他可以不请示主人的同意拿走玩具，将来他会随便开了他人的汽车便跑，我不允许他这么做，自由是有限度的。”韩国女孩 Dabinne 的妈妈对女儿的管教也非常严厉。这些对我都很有启发，有自由，但也得守一定的规矩。确实很多小孩子都有喜欢他人的哪怕是很烂的玩具这一特点，但是闹闹至少从小就习惯了先要问问玩具的主人或主人的父母：“Est-ce que je peux jouer, S. V. P. ?（请问我可以玩一下吗?）”看他羞羞怯怯充满期待地问，觉得很好玩，心里偷着笑。

细想起来，教育的责任确实不应该完全抛给学校和社会，其实家庭才是一个人成长的终身学校，父母则是孩子的第一任老师，应该担当的教育责任最重，其潜移默化的影响力是很大的。而我总愿意相信，每一个母亲倾注的爱与温柔更是左右着孩子的未来，那么所有孩子的未来聚集的结果，折射的就是每个民族和国家的前景与竞争力了。

（附：一年以后，小黑邻也开始上幼儿园了，家里添了个妹妹。碎嘴小闹闹告诉我，马鲁达在学校院子里还是很少说话。不过学校里有很温和的老师，校长和他的班主任都是很有爱心的人，我想他在那里，胜过在家无数遍挨打。马鲁达，但愿你沉默的终极不是爆发，而是犹如冬日的寒冰，浴春风而化喜雨。）

（2006-07-28）

单身母亲 Nicole

闹闹和爸爸去了科学城，我独自在家，看了一个伤感的故事，令我想到单身母亲 Nicole。

Nicole 是闹闹幼儿园班上的男同学 Théo 的妈妈，也住在大学公寓，因为我曾帮她接送过几次小孩，故稍有了解。她才 25 虚岁，在护校上学，因为那几周需要到医院实习，早走晚回，没法按时接送孩子。我心里疑惑，便多嘴问她孩子的爸爸在哪里。答案令我唏嘘，她的神色却很平静。原来三年前在她怀孕三个月时，其男友一声不吭走掉了，自此杳无音信，怀孕之初他对孩子的留下与否也没跟她有过商议。小男孩如今已经三岁多了，生父只在他三个月时来看望过一次，此后再没现身，更谈不上给抚养费了。

Nicole 自己还在上学，孩子三个月大就开始上托儿所，他现在知道自己的爸爸是缺席的。我问 Nicole 有没有等待过男友返身回家，她说曾经有，但现在心已经死了，不再等。她的母亲安慰她，说不负责任的人造的恶，总有一天他要承受报应。可孩子是多么无辜啊。我观察他，妈妈不在场时，很敏感、很听话，但是只要他妈妈一进我家里，他立即就变得乖戾任性，甚至到了对我表现不礼貌的地步，我暗忖他这是在无意识地向妈妈宣泄自己的愤怒吧？遇人不淑的后果啊。Nicole 自己是喀麦隆移民，三个月大来到法国，负心男友是法国海外省瓜德鲁普人，所以他们的孩子也是黑皮肤，但是长得很漂亮。幸好除妈妈之外还有外婆、舅舅疼爱着 Théo。

带孩子的不易真的只有生养了下一代的人才能切身体会，我很替 Nicole 难过，一个人撑过来实在太艰苦、太不易了。好在她未婚生子在法国是合法的，至少没有孩子上户口或上学之类的麻烦，而且也不会有人鄙视她。除了享有任何在法国出生的小孩三岁前均可得到的家庭补助外，他们应该还额外享受单亲家庭的特殊津贴。只是我真的很心疼那个孩子，还有其他跟他处境相似的小孩。孩子的心灵其实远比大人想象的更敏感，他们需要父母双全的尽心呵护，需要惟有宁静平和的家庭氛围才能给予的安全感。

那日下午我所看的电影是个令人伤感的故事。女主人公年幼时亲眼看到父亲弃她们母女而去，七岁时甚至在母亲的葬礼上也没能盼到他回来，她不懂那是为什么，从此心头有了永远的伤痛。如今的她已是两个孩子的母亲，有幸福的家庭，穷困潦倒、孤身一人的父亲却出现了，因为依照法律她得尽赡养义务。痛苦的回忆令她无法接受这一现实，她的拒绝却招来了官司（理亏的父亲倒不是有意，而是其社会助理员引导下必走的法定程序）。女主人公心理更受伤，试图找到父亲早已死去的证据。然而就在寻访故人的过程中，她得知当年父母分手是因为各自都另有所爱，错不全在父亲，母亲并未告诉她全部真相，但她对父亲的绝情仍然无法释怀。父亲后来取消了对她的诉讼，她也焚烧了所有年少的痛苦日记，替父亲偿还债务，提供经济上的帮助。但她在签写支票的时候，冰冷地告诉他："别指望有家庭聚餐，也别指望有跟孩子们出游的机会，Surtout，ne me demande pas de t'aimer（尤其别要求我爱你）。"这心伤是太深了，想要原谅与放下不是件容易的事情。

闹爸回家后我跟他谈到这部影片，他断然说："就该惩罚！"

（两年以后，我看到 Nicole 的肚子又高高隆起，想来是寻觅到了新的幸福。后来他们搬家走了，再没有消息，我在心里默默祝福她和那个曾经令我十分心疼的小男孩 Théo，他也是闹闹童年时期一个亲密的小伙伴。）

（2006-03-27）

Part 8

闲敲棋子落灯花——闲言闲语

闲敲棋子落灯花

——闹言闹语

看着孩子渐渐长大，有时心情很复杂，我常觉遗憾，似乎孩子大了不再好玩，奢望他回到一岁以前。闹爸每闻此均不以为然，认为每一阶段都各有特色，当下则更有意思，因为小家伙开始说话，并且一直在学说话，他的自我表达及与人交流的能力都在显著增强，自然也给我们带来更多的乐趣。好吧，且去看看这“趣”之所在。

一

（2004 年 9 月，闹闹两岁三个月）那天早晨飞机抵达戴高乐机场，才五点多，闹闹被嘈杂的声音惊醒，立即问：“我们到金华了吧？”（懵懂无知的小儿，不知道什么是离家去国，他的问号却一下子击痛了我伪装坚强的心。）

闹闹看我在缝衣扣，凑过来申请一个“针子”，说是要“knitting knitting one two three”（一二三织呀织）。遭到拒绝后，改要求看《我要去旅行》的小书，双手拿着，嘴里说：“闹看书，闹学习了，别烦闹闹学习。”闹爸在旁边笑，说：“嗯，严肃得像头驴。”

刚来巴黎不久，闹闹的小耳朵大概听见我们说过“解决，奋斗”之类的话，某天早晨，小人一睁眼，竟造句如下：“爸爸妈妈闹闹一起奋斗！”（惊得二老立即由卧姿改直立行走，再无任何偷懒的理由。）

闹爸有时担心孩子玩得太专心忘了尿尿，隔段时间就要提醒他一次，小人儿被问烦了，头也不抬地回答：“没有没有，根本就没有！”（这是我们第一次听到他使用“根本”一词。）

偶尔闹闹玩玩具时太着急，我们建议他要耐心，他反驳说：“不要耐心，要把耐心给扔了。”

我刚打开闹爸的电脑要处理文字，小东西拉过一把小凳坐在旁边，仰头看我，充满疑虑地问："妈你会吗？你真的会打电脑吗？爸会，闹也会。"

2005 年元旦上午，我们领他第一次到了卢浮宫金字塔前，闹闹颇有些深情地问："这是五四广场吧？"（青岛海边的深刻记忆）

这年的年初打算送他去托儿所（每周两个上午），以便他适应集体生活，为上幼儿园做准备。每回问他："闹去幼儿园吗？"他就有意加大声音喊道："天黑了！"后来发现已成定局，每天醒来第一句话即是带着哭腔的"今天不去 crèche 吧？"（我常觉得不可思议，小小娃儿如何就能故意采用否定问句呢？）

小娃娃一旦身体不适，脸上立刻显露无遗。我端详着他，叹气说："你的小脸儿怎这么酸呢？"闹闹抬手摸了摸，很认真地答道："因为闹吃西红柿了。"

小人自己摸摸颈下凸起的骨头，很疑惑："闹怎么有骨头呢？"我还在想如何回答，他却已找到缘由："因为闹昨天吃骨头了。"

他有那么几天英雄主义高度膨胀，常坐地上一边摆弄玩具一边自言自语说："然后，闹就开着挖土机来帮助你，因为挖土机有履带，它不怕滑，它的履带是它妈妈给的。"（他的最后一句话，顿时令厨房内忙活着的我眼眶湿润。闻此，人心即使硬如坚冰，瞬间也当融化。）

闹闹洗完澡被我扔到床上，他将自己下半身埋到叠好的被子下面，笑眯眯地说："闹怎么变成了乌龟呢？"

闹闹又弯身坐进了床头矮柜里，说："怎么这个乌龟背着重重的壳呢？"（闹闹无邪的世界，果真与俗世赋予某些名词的特定含义断然无涉。试问有哪个成年男子敢像闹闹这般悠然自谓呢？）

吃饭时候，小人的话委实太多了，什么方面的都有，屡禁不止。有几天一上桌他就问："原始人吃什么呀，请妈给我讲。"有一回则是："那挖土机吃什么呢？"我刚想回答他说"沙子"，未及张口，他先已笑眯眯道出答案："挖土机吃的是沙饭，压路机吃的是柏油饭。"

闹闹玩火车的时候念念有词："我很忙，真的很忙，别来打扰我。"若问他有多忙，他会不假思索地回答说："有 6 忙。"

闹闹怜悯我缺了个牙齿，很热心地给我想办法说："一会儿大胡子叔叔就会捡到一个妈的牙齿，然后用螺丝刀帮你拧拧就好了。”小手还使劲比划着。

闹闹吃早点时眼睛看着电视，嘴巴就不动了。我立即将电视关了，他瞅我一眼，笑眯眯道：“闹又遭罪了。”

有一天在医院急诊室门口，看见一行几人路过，其中有一男子胡子拉碴，个子很矮，大概只有通常十岁儿童的身高。闹儿吃惊地用目光追随了老远，十分疑惑：“怎么有这么小的爷爷呢？”(闹闹竟然以身高论辈分。)

闹闹第一次进到卢浮宫里边，爸爸费了老半天劲抱他到了蒙娜丽莎像前，小人漠然瞟了一眼，扭头说了句：“想吃橘子。”闹爸不禁气结失笑。(可是后来每在街上看见该画的复制品，小人却能立即喊着指认出来。)

2005 年夏天我几乎天天跑图书馆，闹拉住我的书包，说：“不让妈上学。”偶尔我在家，他又惊又喜地问：“妈怎么不上学了呢？妈怎么不去远的图书馆看书，要在家里的图书馆看书呢？”

闹闹睡前学认字，念了“爬”，闹爸说：“蛇是爬行动物。”闹儿跟读了一遍，随口归纳出：“鳄鱼也是爬行动物，乌龟也是爬行动物，人是走行动物。”

我看他那可爱的样子，说很想将他咬回肚里去，小人当真了，连忙一口回绝；“不，我已经出生了。”

闹闹在楼下大厅里玩转圈圈，后来站定，惊讶地问：“怎么墙还在转呢？”

小家伙听录音机里传来自己的声音，问：“这是什么闹闹？我要钻进去跟他一起玩。”

二

闹闹初上幼儿园，哭了差不多一个月。有天放学去接他，看他泪迹未干的样子，非常心疼，边帮他擦边问：“闹宝怎么满脸是泪呢？”他立即说：“化作相思泪了。闹怎么相思爸爸妈妈了呢？”(以前走在路上，看黄叶堆积，我确实是跟他一块儿背诵过这阕《苏幕遮》的，竟然这般派上用场☹)

早晨送闹闹到幼儿园，分别时他总要反复交代我说：“妈你一定要在家等我，在 212 等我。”有时还加上“要很等很等”，或“要等很久很久”或“要把门关得很紧很紧”云云。

有一天放学接了闹闹，他突然问我："妈妈，人是一种什么样的东西？"哟，未免有点儿太严肃了吧？我很教条地回答说："人是会思想的动物，其它动物不会思想，人会，闹也会。"没想到小人儿毫不犹豫地否认："闹是青蛙 pompier（消防员），闹不会思想。"（闹儿坚决维护自己认定且钟爱的身份，不会思想又何妨？）

闹闹看书时，发现画上的一条鲸鱼被捕鲸船给打伤了。他着急地喊爸爸："快给它贴上创可贴呀，它就不疼了。"（真是善良的孩子！）

放学了，闹闹跟爸爸回家，路上他说："爸我给你讲，北极熊是灰色，跟 TGV（高铁）的颜色一样，所以它的速度就快了。"（原来如此？）

不知何故，闹闹有天一早醒来就不高兴，带着哭腔嘟囔道："我不想要白天了，再也不想要白天了。"（呵呵，那是你说了算的吗？）

参观科学城时，闹爸跟闹儿解释说战斗机是保护轰炸机的，小人立即总结陈词："那战斗机就是轰炸机的爸爸。"

闹闹将玩具耙子扛在肩头走来走去，很神气地说："闹拿起了耙子，闹就变成了猪八戒。"（闹对八戒，真的从未有过丁点儿嫌弃之心。）

闹闹听悟空的故事太多，有点中毒。有天早上醒来，听录音机里传出一句"悔叫夫婿觅封侯"，迷迷糊糊地问我什么是"觅封侯"。我简单回答说就是想做官。小人再问："谁做官，是猴子吗？"又一天，他看真人版的《西游记》电视剧，见悟空被压山下，不禁站了起来，连连叹息："猴子真的是太可怜了，太可怜了，师傅呢，师傅怎么还不来呢？"

出了家门，闹闹看见山坡上在风中摇摆的树们，连声问："妈妈，为什么大树不怕风呢，为什么小树怕风呢，为什么大树要保护小树呢，为什么小树要紧紧地跟着大树呢？"我拉着他温暖的小手，柔声告诉他，大树和小树，就像妈妈和闹闹一样。

童心有情，稚言无价。

（2006-03-09）

闹闹的“二元对立”

闹妈我性本愚钝，看书少且懒于思考，或者干脆说没学会思考，所以对哲学我是敬而怕之。不知从哪里又听到一句什么“女人学哲学对女人和哲学来说都是一种悲哀”，竟然更无知而心安。有一回哲学系的朋友听我叹曰“这辈子恐怕都搞不懂什么是本体论了”，乃悲心大发，给我讲解了半天，可我仍不甚明了，惶惶然以为玄，伊一定颇为泄气，兴许还有点怒我不争。其实我也略懂文史哲不分家的道理，如今更是深感不扎实的基础给自己的深入学习带来了莫大的障碍，苦不堪言。

话说这“二元对立”一词，不怕各位见笑，第一次听见还是在武汉大学吴老师的课上，具体情形却记不清了。前些时陪着闹闹小儿念到“故有无相生，难易相成”，方始恍然大悟，却已经是年过三十的身了。于是回想起小人儿的许多稚言嫩语里头，因其思无所忌，其实早已经追问过我们多次这一哲学概念，而我每回只是笑称他为“爱比较的小人(注：小小的人)”。

大概在一岁半左右的时候，闹闹刚能说简单而短的句子，有一天他在院子里看见了邻家才半岁的小男孩由他父亲抱着，愣住，缓缓地问道：“你的妈妈呢?”那神情充满疑惑与关切。原来平时总看见小男孩在他妈妈的怀抱里，闹闹突然发现了变化所在。这能否算他的第一次发问呢?

也还是在这个年龄，闹儿开始对自己的照片感兴趣，尤其是他八个月大时的两张两寸证件照，先后隔了几秒，一张怒目圆睁，一张却笑逐颜开。有一阵子，每见我打开电脑，他便过来要求看“闹闹笑”与“闹闹生气”，反反复复，乐不可支。原来情绪好坏也是相对而言的。

天线宝宝的节目，因其顺应儿童爱反复的认知心理，似乎也起了作用。忽然有一天就看见他拿了外婆珍爱的帽子戴在自己头顶，走到她跟前说：“上面。”然后摘了往地板一扔，双脚踏上，说：“下面。”外婆故意板着脸作势要打，他却笑得花儿似的，十足的无知无畏。看来对立的概念已然在小人的头脑中初现雏形了。

在Antony，有一天看见草地上一只鸽子不动弹，我怕他忧伤，简单说句“死了”就想转移他的注意。不料他一定要问个究竟，我不知如何解释，只好以“死是大自然的一种现象”作答，他立即瞪着大眼睛追问：“那要是在小自然里鸽子就不会死了吧?”怎么不是呢，孩子?

闹闹偶尔看见我戴眼镜，说：“妈你摘了吧。”可要是发现他爸没戴眼镜，则一定干预，说：“爸戴眼镜吧，不然你太丑了”，坚持到底。

闹闹珍爱自己的小床，几乎神圣不可侵犯，明确表示：大人睡大床，小人睡小床。有时我们故意要跟他挤小床上，他坚决拒绝，曰：“你太大了，会把小床压坏的。”

闹爸很烦人，经常故意用一些问题去逗闹闹，他却每回都认真作答，不知被耍。

——爸妈有一天老掉牙了怎么办?

——不要爸妈老掉牙，要爸妈牙白。

——爸妈老了怎么办?

——不要爸妈老，要爸妈年轻。

——爸妈头发白了怎么办?

——要爸妈头发黑。爸你快洗碗去吧。

闹爸立即耷拉着脑袋缩着肩膀如那只著名的老猫汤姆被挫败时一样，安静地走开，哪凉快上哪儿呆着去了。

闹闹初上幼儿园哭了整整一个月，闹爸那时候常常逗他说：“爸去上学的时候要是哭了，怎么办呢?”小人没好气地回道：“你是大人你不能哭，我是小人我就哭。”好家伙，原来权利是有年限的。

小孩儿的通病闹闹也不缺，比如挑食。我很不道德地唬他说要生个妹妹，东西都给妹妹吃。于是他勉强吃一口，大眼睛转一转，似乎在琢磨，片刻之后仰头问我：“那要是妹妹也不吃呢?”老浙驴果然一时技穷。

放学时候，路上常见有的家长怀里抱着更小的孩儿去幼儿园接大的，闹闹很吃惊，眼睛滴溜圆，问：“怎么闹回家的时候，小朋友还要去上学呢?”我逗他说有的人天黑了才上学，他不懂，又问：“为什么闹上的是白天学，而有些人上的是黑天学呢?”(呵呵，幸好上的不是厚黑学。)

闹闹爱极了TGV高速火车，总没完没了地问我：“为什么它的速度快，老火车的速度慢?为什么TGV是新的，老火车是旧的?为什么TGV的车头是尖的，老火车的车头和地铁的车头都是方的?为什么机场看见的那辆白色TGV那么快开过去，噪音很大、很没礼貌，而我们去Agnès阿姨家乘坐的灰色TGV那么讲道理，慢慢地加速呢?”

闹爸有一回感叹说：“爸老的时候头发就白了。”闹闹立刻问：“那爸你小的时候呢?”眼里满是关切之意。

闹闹当然也爱听故事，有一回讲到小白羊、小黑羊因互不相让，双双坠落独木桥时，闹支了一招：“要是有二木桥它们就不用抢了。”

闹闹洗手，我提醒他手上有皂液，要用清水再冲冲，他抬头问：“那重水呢?”

圣诞节小城里组织孩子们提灯看烟火，我给他领取了一个红色的，他不喜欢，想要蓝色的。闹爸开导他说：“点上蜡烛，火红火红的，好看。”闹闹不干，说：“不，我想要火蓝火蓝 的。”(哼，算你狠!)

我逗他：“妈要你留长长的头发，帮你扎辫子。”闹闹急得直喊：“就要短头发，就要做爸爸!”哦，性别意识还是挺强的。有一天他对我说：“妈妈是女人，闹和爸爸是男人。”我吸了口气问何以见得，小人儿答曰：“因为呢，妈妈没有JJ，闹和爸爸有JJ”，好生得意的样子。又一天，我接他回家，路上便问我：“为什么女人在学校里睡午觉要脱袜子，男人却不脱袜子就睡觉?”哈，小屁孩儿一个，已经很当自己是个男人了!彼时幸而我没戴眼镜，否则肯定得哐当掉地。

闹爸有一次喝Panaché(一种饮料)，杯里的泡沫四溢，闹闹紧问何故，当爹的竟然说是加了一氧化碳，我笑其何以荒唐至此，那可是有毒气体，应是二氧化碳。闹儿立即追问：“那要是三氧化碳会怎样呢?”二老皆被问住，一时还真想不起此物质是否存在，面面相觑，但也不能丢了父母的尊严呀，趁机狠狠说教：“‘绝知此事须躬行’，还记得这句话吗?”

昨儿晨起时发现前夜下大雪了。送闹闹出门，小家伙要我抱他看窗外，我指给他看小山坡上的积雪，抒情地说：“瞧，白茫茫的雪。”刚把他放回地上，小人儿甜甜的声音就将问题抛了过来：“妈妈，那要是下黑茫茫的雪呢?”其眼里的无限好奇是令循规蹈矩的大人看了汗颜的。

闹儿可爱的问题会继续，做母亲的绝非在此炫耀他如何聪明，仅仅意识到因为他一如所有的孩子那样简单、纯真、好奇、爱观察、喜欢发现，我便称他为“NOUVEL OBSERVATEUR”（“新观察家”，法国的知名杂志）。为拙文以记之，献给我们也曾走过的童幼年，即使我们所经历的岁月没有他们如今的日子那么美丽动人。

（2006-03-09）

闹闹的改词癖

最早发现闹闹有此癖好是在他两周岁以前。那阵子他常看一张儿歌的 VCD，第一首即是著名的《七子之歌》。小家伙继承了他爹的臭脾性，喜欢的歌曲便要求反反复复地播放，也不管旁人能否忍受，直到自己听厌为止。那几日他的小嘴也没闲着，时不时地吟咏，一开始唱的是原文，后来竟然自己即景填词了。比如经过楼下邻居的窗前，往里一瞧，随口唱出：“你可知骏骏，他有保龄球”；比如阿姨刚把他抱进浴室，他张口便来：“你可知闹闹，他要洗澡了”。当然他会更换的也只是这前两句，那几天委实有好多个可笑的版本，我已经记不清了。

小孩儿都有那么一个阶段，大人让干什么就干什么，闹闹那时傻傻的也没少被我们骗着唱《小燕子》。可是对于末尾的问句“我问燕子你为啥来”，小人的版本却是：“燕子说：这里的燕子最美丽”，而且绝对是屡纠不改。闹爸听了，居然哈哈大笑曰：“此乃我儿真性情也！”

在 Antony 的第一年我上课居多，他们爷俩经常自己混日子，老马驮着两岁多的小马，四处游荡，随意地背诵几句唐宋诗句，闹闹便又毫不客气地念出了“旧时螃蟹堂前燕”的荒唐句子，真要气死古人。

如果说前面二例是出于无心，这后面的事可就是有意为之了。也还是去年夏天，三岁的闹闹鹦鹉学舌般很快就背会了如《陋室铭》之类的短文。兴致好时，他会一字不差地背下去，到末尾，看着我，笑从双脸生，突然冒出一句：“何陋之妈！”一头栽到我怀里，咯咯直乐。还有其他的若干阕宋词也难逃厄运。更调皮的情况下，他会将每一句的最末一字都改用“妈”来替代，如此全篇念下来，像这千古流芳的《陋室铭》便遭遇了它面世至今最不济的命运。为人父母者深觉有愧于古人，竭尽威逼利诱之能事设法让他纠正过来，却收效甚微，改与否全凭他一时心情，与眼前晃动的巧克力块头大小无任何关系，难耐其何。

时隔很久之后，有一天三人去大公园散步，闹闹又要求“骑脖”。作为交换条件，老马要求小马背诵这段文字。小人很是爽快，没有任何违规行为，我正暗自庆幸，却听他念到了最后一句：“何陋之……呃……之谁呢？还是之妈吧。”说完了在半空中哈哈大笑。老马蹄下一软，硬撑住了才没有跌倒。吾儿一心敬母，为娘的只好笑纳了。向古人道歉的事，将来再跟他细细掰扯。

(2006-03-09)

闹闹的闲言碎语

午睡醒来，闹闹躺在小床上像只猫一样伸着懒腰，连小脚丫都绷得笔直。我问他："继续睡还是起来?"小人说："继续起来"，一骨碌溜到地上。

闹闹又不好好吃饭，我警告他说第二天 Hanna 小妹妹就会来家把饭全给吃了。他狡猾地试探："妹妹要是也不吃呢?"我让他放心好了，那个小妹妹最乖了，一定能吃完，闹笑着追问："那我要是不放心呢?"

闹闹在科学城的儿童工地上干活很卖力，汗流浃背，于是摘下工程帽，用手摸摸脑袋，笑眯眯地说："怎么队长挠挠头呢?"

我给他做了蒸鸡蛋羹，小人儿却问明何物才张口吃，咽下，看看我，微笑着说："怎么老国王爱吃蒸鸡蛋呢?"

我这个粗心老妈，那天竟然一失脚将正在地上玩的他撑开的小小手给踩了，老天！食指肚上的血丝数日后方消失。两人当即抱在一起哭，我向他道歉，因为是我的错，他可以惩罚我。闹闹哽咽着说："不打妈妈。"他的话令我消耗了更多的面巾纸，但感觉无限宽慰。

闹爸老是咬闹闹，还给他起一些怪名字，什么"没完招打子"，"鸡大婶"(闹闹喜欢的是精灵猫，极讨厌鸡大婶)等。我想帮他报仇，同时借机丑化一下他爹，说："你看，爸新剪的头发多么丑。"闹头也不抬，大声说："不丑。""那爸的脚很丑。"小人断然否定："不丑不丑就不丑，爸一点也不丑。"闹爸狂笑一声："夫复何求?"我不懂究竟小人儿是因为明白亲情所系所以维护老爸以维护自身呢，还是单纯的父子情深使然?

(2006-04-13)

“密室”问答录

不知道别的小孩儿是否也如同闹闹一样，反正这小东西竟然有狗的某种特性，说出来很怕各位见笑：当妈的已经不高雅，常在文章里谈及厕所问题，儿子亦如是？实情确实如此。这娃娃到了陌生地方，一定先要求如厕，不管实际上是否真正需要，大概跟小狗一样，潜意识里有圈个地盘，留下标记的意思。然后他扫一眼，立马就会发现此 WC 与从前所见的某一 WC 诸细节上有何不同，问题便排山倒海般抛过来，令老娘招架无力。而对这些东西的综述，常常在我们的“密室”里进行，只要他往马桶上一坐，小嘴一张就开讲。

——妈妈，人为什么都要拉屎呢？妈你给我讲“人都要拉屎的故事”吧。

——因为吃进你肚子里的食物们旅行结束了。

——那旅行要是不结束呢？

——那，有点麻烦，别的食物也想来旅行就没位置了，所以你还是加油给它们腾点地方出来吧。

——好的。（小脸憋得通红）

——妈，大象的屁股大是不是该给它大一点的马桶呢？

——应该的。

——妈，龙在天上飞是不是该给它高一点的马桶呢？

——确实应该，你想得真周到。可是你为何这么操心呢，宝贝？加油啊。

——好的。（小脸憋得通红）

——妈，为什么有的小狗没礼貌，它随便把屎拉在路上，而小猫讲礼貌，它躲起来拉屎而且还会找泥土盖住呢？（小脸憋得通红）

（我没来得及回答，后面的问题又来了）

——妈，为什么人拉屎往下掉，是不是有地球吸引力呢？

——没错，宝贝，加油。

——妈，为什么我吃了香蕉，它就变成了润滑剂来帮助传送呢？

——所以说要多吃香蕉呀，它可是闹闹的好朋友。

——妈，为什么人都要拉屎，小猫也拉屎，小狗也拉屎，挖土机不拉屎，因为它喝油呢？

——其实严格意义上来说挖土机也拉屎，它排放尾气。

——那要是不严格呢？

——……☹☹☹

——妈你为什么在马桶盖上加一个蓝色垫子我就不会掉下去了呢？为什么蓝色马桶是保护小人的呢？为什么飞机场的厕所是用脚踩冲水的呢？但是我踩不动妈妈踩得动，可是 TGV 上面的厕所闹闹踩得动，那是让小人踩的。而国家图书馆里的是自动感应冲水很方便呢？为什么 Amboise 爷爷家里是漂亮马桶呢？为什么有的厕所香，有的厕所 ça sent mauvais（发臭）呢？为什么有的水龙头是用来拧的，有的是按的，飞机场的水龙头是感应的，闹闹的手一放下边水就自己流流流呢？为什么有的水池高，是让大人用的，有的水池矮，是让小人儿洗洗手的呢？为什么阿姨家的水龙头可以变方向，我们家的不能呢？为什么大公园里的水龙头都是要旋转的呢？为什么不是全部都一样呢？请妈妈给我讲！

我彻底晕！对这一切问号，我非但不能打击，而且还得夸奖他：“闹闹真是爱观察、会观察，总能发现别人注意不到的细节，真棒，我的小伙子！”

（2006-05-24）

妈讲错了！

去年这时候，闹闹才三岁，还傻得可爱，说什么他都信，现在长了心眼，不那么容易被骗了。那时候，若他冒出要光屁股睡觉的念头，我只要一说：“小 JJ 会飞跑的”，或者“一会儿小鸟会来叨走的”，他立刻慌不择路、手忙脚乱地穿上裤子，还要紧紧地捂上被子，两手按住，眼睛溜圆地问我：“这样就不会了吧?”看得我委实于心不忍，甚感罪过。

其实小孩子只是天然地比大人更接近人类的原始状态而已，即使社会的禁锢给了他重压，小人儿仍然不懈反抗。这不，后来不知什么时候开始，我那一套说法无论如何也不奏效了，我努力到现在，仍未能说服他。幸好闹闹知道底线，就是爸妈可以看见他的 JJ，别人都不行，医生检查也得有爸爸或者妈妈在场。昨晚洗澡后，他像条泥鳅一样光着屁股在床上疯玩捉迷藏的游戏，我又企图动之以理：“闹闹，你还是穿上裤子睡吧，你的 JJ 说这样子它很冷，而且它觉得不美，它很害羞，很想要你帮它藏起来，好吗?”小人停下来，静静地看着我，一字一顿地说：“妈，它没有眼睛，也没有嘴巴，它不会说话，妈你讲错了。”

天哪，这要真长了眼睛和嘴巴可怎生得了！闹妈的谎言被彻底戳穿，只好惭愧地放弃努力。闹爸在旁边大笑不已。

(2006-06-30)

关于 Pompier（消防员）

经过车站附近的小学门口，偶然在人群中看见一个没换便装去接孩子的消防员，闹闹吃惊极了，目光一直追随着，反复问我："妈，怎么 Pompier 也有孩子呢?"

"妈，Pompier 怎么也有胡子呢?"（电视画面引发的问题）

"妈，怎么 Pompier 也会做煎饼呢？Pompier 怎么会卖东西呢?"（消防队的国庆招待舞会，消防员们自己动手售卖，筹集的资金捐献给牺牲的战友家属。这一系列行动，令闹闹百思不得其解。）

"妈，Pompier 也要上厕所吗？女 Pompier 也坐着尿尿吗?"（推己及人，密室问答）

"妈，为什么队长的裤子不塞进靴子里呢?"（消防队开放日参观完毕，问题之一）

"妈，Pompier 夏天也怕热吗?"

"妈，Pompier 为什么强壮呢?"

Pompier 也是人呢，亲爱的宝贝。

"那为什么 Pompier 也是人呢?"

……☹☹☹☺☺☺

（2006-07-17）

我问故我在

今天晚上，饭前、饭中、饭后，闹闹提了很多问题。有的我们解答了，有的好像没办法回答，仁人志士们，帮帮忙吧！

——妈，血在哪里？

——在血管里运动呢。

——什么运动，它跳吗？

——应该不是，它输送氧气，提供能源。

——跟 TGV 的电线一样吗？

——没错，宝贝儿。

——妈你的血管怎么绿色呢？？（这个妈也太惨了）怎么爸的血管看不见呢？

——因为妈的皮薄，而爸的皮厚。

——爸，为什么你的皮厚呢？为什么你可以光膀子看电视呢？

——闹要多吃青菜哦，你看大象长多高，因为它吃很多青菜。（黔驴老爸出场）

——爸，那长颈鹿怎么不能吃到草呢？

——因为它太高了，脖子太长太硬。

——它吃樱桃吗？

——当然。

——它不能低头吃吗？

——你能低头咬到你的小 JJ 吗？（竟有如此老爸！天真小儿立即低头去试，未果）不能吧？道理是一样的。

——爸，大挖土机的脖子为什么长呢？小挖土机的脖子为什么短呢？（一直

是个爱比较的闹闹）

——因为大挖土机大，小挖土机小（真是毫无创意），就像爸爸高，闹闹矮，所以闹要多吃饭，才能长很高。

——爸，头是用来干什么的呢？

——用来思想的。

——什么是思想呢？

——比如机器人为什么没有 JJ，考虑这个问题就是思想。（可怜的思想，被如此诠释）

——妈，为什么尿是细的呢？为什么 Caca 粗呢？

——宝贝求求你了，吃完饭再问好不好？

——好的。为什么呀，妈？

——咳，因为你的水龙头出口很小，所以才会细。

——是水尿。

——没错，宝贝。

——爸，机器人会笑吗？

——如果程序设计得好的话，机器人越来越聪明，它也会笑。有的机器人还会下象棋呢。

——那机器人也要拉屎吗？

——不用，因为它不吃东西，不吃东西就不用排泄。

——不对，它吃电。

——算你狠。

——爸，机器人也会到水里救人吗？

——会的，有些地方人没法去，就可以派个机器人去完成危险的任务。

——机器人就是水 Pompier（消防员）。

——有点道理。

——那潜水艇可以去很深的地方救人吗?

——潜水艇的主要任务不一定是救人，它可以用于科学实验和军事侦察。

——什么是军事侦察?

——这个问题很复杂，吃饱了才能告诉你。

——爸，破冰船是干什么的?

——在地球的两极地带，海里经常结冰，有很大的冰山，很多船就被挡住，开不了了，所以需要破冰船来将冰击破压碎，船才能继续航行。

——破冰船必须很硬吗？它是铁做的吗?

——铁也不够硬，要用钢，钢比铁还硬。

——挖土机的牙齿有它那么硬吗?

——差不多吧。

——破冰船为什么会帮忙呢?

——因为它吃很多饭，有力量，才能去帮助别的船，所以你也赶紧多吃饭吧。一会儿爸爸到网上找照片给你看。网是个好东西。

——爸，字典也是好东西，它是老师，妈妈昨天告诉我的。

——对极了，快吃饭。

——闹啊，刚才你问了我们这么多问题，轮到妈妈问，你来答了，好吗?

——好的。

——爸好吗?

——爸好。

——怎么好?

——因为爸让我骑脖。

——妈好吗?

——也好。

——怎么好?

——因为妈帮我穿裤子。

——闹爱爸爸的时候，怎么样?

——闹跟爸抱(爷俩的游戏，闹爸一说“抱一下”，闹闹就紧紧搂住爸爸的脖子，嘴里还要大喊着“抱!”)。

——那闹爱妈妈的时候呢?

——闹跟妈妈一起睡觉。(我就混个这?)

——还有呢?(不甘心，再问)

——闹就给妈妈饭吃，不让妈妈饿死。(算你有良心)

——妈，我痒痒，要你挠挠。人为什么会痒呢?(进入睡前的朦胧状态)

——可能皮肤有点炎症，你长痱子了。

——机器人会不会痒呢?(推己及彼，仁也)

——也许会。

——机器人喝水吗?

——原则上……小东西，你还没回答妈的问题呢：为什么你这两天总是揪着机器人不放呢?(有人已经梦里来去了)Ouf!

(2006-07-21)

闹闹的困惑

回 国

闹闹的小同学 Houman 一家前两天回伊朗国了，每日必见面的玩伴突然离去，对小人产生了强烈的冲击。

——妈妈，为什么 Houman 回国呢？

——因为他爸妈学习结束了，就要回去的。

——Dabinne 回国吗？（闹闹的韩国女同学）

——现在还不，以后也要回去的。

——Joseph 回国吗？

——他家就在这里，他不走，因为他爸爸是法国人。总有小伙伴留在这里的，你别担心。

——为什么 Joseph 的爸爸是法国人呢？

——就像闹闹是中国人一样。

——我们也回国吗？

——将来要回的。

——我们的国在哪里呢？是在青岛吗？

——差不多吧，宝贝。

——但是很久以前，爸爸和妈妈在青岛的时候，是不是也是个小孩子呢？

——是的，跟闹闹现在一样小，但是因为我们吃了很多饭，终于长成今天这德性。

——什么是“德性”？（没等我回答）妈，为什么 Houman 回国了呢？（如此往复，以至无穷）

闹闹的循环提问，让我也陷入了无边的乡愁里……

肤　色

——妈妈，马鲁达为什么黑呢？

——跟他爸爸的颜色一样嘛。

——为什么呢？

——那是遗传的缘故。

——什么是遗传呀，妈？

——比如大家都说你跟妈妈很像，这就是遗传的原因。

——不对，妈妈长头发，是 Fille（女孩子），我头发短，是 Garçon（男孩子）。妈，为什么马鲁达他爸爸黑呢？

——地球上的人有各种不同的肤色，比如我们就是黄色人种，道理是一样的。

——“Allez les Bleus，allez les Rouges，allez les Jaunes”是什么意思呢？

——那是你们托管中心的叔叔阿姨们说：“蓝队加油，红队加油，黄队加油。”

——妈，为什么马鲁达的爸爸黑呢？

——他从前生活在非洲，可能晒黑了吧。

——那他妈妈怎么生活在阴凉的地方呢？跟北极熊一样吗？

——好像有点道理，宝贝。

（2006-08-01）

闹语一箩筐

可能受《极地快车》那部影片影响太深，闹闹不时会问起圣诞老人的相关事宜。这不，他突然从地上爬起身，问我："妈，圣诞老人白天干什么呢?"真是个好问题，宝贝，圣诞老人白天到处观察小朋友们的活动，并且准备礼物呢。

周日闹爸小恙(晚间就好了)，我告诉小人后，他睁着大眼睛问："爸为什么病了呢？是不是就不能骑脖了呢?"这应该算是他的关心吗，还是他立即考虑到了自身利益？(也许我不该如此怀疑)

炎热的夏日，二马在家均成了膀爷。闹闹看看我，不解地问："妈，我和爸爸都光膀子了，你为什么不光膀子呢？你不怕热吗?"哼，我倒是也想呀，能行吗？过一会儿小人又问我："妈，爸爸的皮厚，所以他也不怕冷，对吗?"对的宝贝，可是爸的皮再厚，也挡不住肆虐的胡子。恰逢那日吃唐人超市买回的包子，闹闹咬一口，突然笑起来："妈，包子胖胖的，怎么像爸爸呢?"

我帮闹爸揪掉零星的几根白头发，闹闹看见了，问："妈，为什么爸有白头发呢？爸变成爷爷了吗?"宝贝别担心，那几根白头发只是因为不好好吃饭吸收养料，所以疲倦了，先退休了。

吃完饭后，闹将地上的几罐牛奶拎来拎去，放下，倚在厨房门边对我说："妈，闹今天吃了很多，闹怎么太有力量了呢，闹怎么比 Joseph 更壮呢？闹太厉害了，闹一点也不脆弱。"宝贝没错，只是你的口吻怎么如此琼瑶呢？

雨停的短暂间隙里，我们出门散散步。习惯性的，我和闹爸将闹闹牵在中间，可是小人说："Pas comme ça"(不是这样的)，挣脱，并将我和他爸的手合在一起，自己走到爸爸身边去，挽着他的手，笑眯眯地往前走。我俩很觉诧异，更多的是温暖，为这普通小孩子中不常见的慷慨举动。

闹闹一害羞，便双手捂着耳朵，背转身，憨态可掬。咦，原先是捂脸的，怎么变花样了，已晓得"掩耳"之威力？

我对小人动之以理："闹宝，薯片可不能再吃了，太干燥了，懂吗?"他答应得很爽快："懂了，那我下雨天吃就行了吧?"他的眼睛那样清纯无邪，真让人无话可说。

为了鼓励闹闹去托管中心，我告诉他周一去，周二是圣母升天节，放假，不去 Centre。他连忙问："周二是星期天吗？怎么有三个星期天呢?"你的说法真美妙，宝贝，多少人梦寐以求呢。

因为是周末，我便拿出糖给他吃，闹开心地先拿一粒给我，说："要跟妈妈 Partager，分享。"我高兴地接过来，如此娘俩你一粒我一粒地吃着，最后一粒，闹闹仍然说："我掰开，要分享"。边说小手边使劲，可惜那是颗软糖，他掰不开。我谢过他，让他自己吃，小人才放进嘴里。我心里当然是非常感动的，但是这并非完全得自天生，做妈的平时故意装得也很馋(确实也比较馋，呵呵)。

闹吃几口饭，就要将胳膊伸给爸爸，让他捏一捏，问："长出来了吗？够了吗？有力量了吗?"就算是与时俱进，也不该有这么快吧，瞧这孩子被骗的……可是父子的游戏日日继续着。

"宝宝，该睡觉了，妈要关灯了。"闹为了再玩会儿火车，赶紧说："妈，你还没念那本蓝色的书呢，快呀，你快拿过来呀。"好吧，这回可是你自己要的。

我给他念那本他自己"推荐"的蓝色的书，里边有一段梭罗的《热爱生活》。我将最后一句"衣服可以卖掉，但要保留你的思想"重复了一遍，问他："懂了吗？要记住哦。"闹闹从玩具中抬起头来，深思地看着我说："懂了，妈。但是你没有很多裤子吗?"不知梭罗若当面被小人这般问，该哭，还是跟我一样笑得喘不过气来。

闹闹看火车杂志，封面即有法国开往北方国家的高速火车 Thalys，深红的颜色，很壮观。我随口说了句："爸和妈都已经乘坐过了，闹闹还没有。"令我意外的是，小人立即低眉垂眼、抿嘴憋气，不吱声了，眼里竟开始盈泪。我赶紧解释："不是爸妈去坐高速火车不带闹闹，而是那时候你还没来爸妈家呢，以后一定会带你去的。"至少解释了三次，他才不生气了，却问："那我在哪里呢?"谁知道你那会儿何处高就，我们也一直在找你呢。只是，TGV 是闹的最爱，岂能我俩去了不带上你呢？下不为例，下不为例。

为了弥补我的失语给闹闹造成的伤害，利用节日(周二)领他去坐无人驾驶的地铁14号线。闹闹爬上车厢最前头的凳子，扶着把手，目视前方，俨然火车司机模样。我夸他："哈，闹闹变成真正的司机了。"小人竟然羞涩，腼腆笑着说："不是的，我是人。"吓一跳，难道火车司机都不是人吗?

新观察家闹闹问："为什么闹闹盖的被子薄，妈妈的被子厚呢?"(他怕热，总是蹬被子)我坏笑着回答："因为听说大人怕冷，小孩不怕冷，他的屁股上有七粒火，非常暖和。"小人不由睁大眼睛，追问："谁说的呀，是医生说的吗?"边说边用小手去摸一摸自己的屁股，惊喜地喊："凉了，妈妈，已经凉了，没有火了，你摸摸看。"真是愧对他那双无辜而清澈的眼睛。

闹闹早上醒来便告诉我："妈，我发现了，胳膊上也有很多小小的Robinet，它是用来流汗的。"Robinet，水龙头也，多美或者多恐怖的画面，尽情想象吧。

熄灯后，闹闹躺床上伸个懒腰，打个哈欠，悠悠地说："妈，还是来点音乐吧。"我问："要什么?"答："大海的声音"。多会享受的人呀，枕着大海的波涛入眠，可不就像回到了母腹时代?

闹闹站在家门口，对到走廊尽头去扔垃圾的我大声喊："妈，你回来的时候我会在这里接你。"宝贝，谢谢你从不让我落空的等。

(2006-08-17)

最喜小儿无赖

1. 幼儿园中班刚开学的头两个星期，闹闹每天早晨一睁眼即问："今天是什么天呢？"或"今天是什么'di'（法语周一到周六均以'di'结尾）"。不管得到何种答复，他都接着用悲怆的语气问："不去学校也不去 Centre（托管中心）吧？"瞧这孩子，试图做最后的挣扎。

2. 闹闹在电脑上玩火车游戏，自封正驾驶，闹爸被封为副驾驶。那两天小人又额外封自己为孙悟空，因此在驾驶室里便成了"正悟空"，叫老爸："副八戒，你可以开车了。"闹爸叹道："我混到八戒的份上已经很惨了，竟然还是个副的。"

3. 我再次试图劝说小人睡觉时穿上短裤，他仍然抗拒不肯，最后妥协说："我还是回国的时候再穿吧。"这一杠子支得远。

4. 总在不经意间，小人猛然问我："人为什么也会累呢？"或者："人为什么也会老呢？"这么严肃的哲学问题，也不知他的参照物究竟是什么东西。

5. 最初我给闹闹买回来小熊维尼手电筒的时候，闹爸给他讲过"爬灯柱"的故事，他便一直记得，所以每晚临睡前，总会突然想起，大喊一声："忘了变魔术了！"除此外，可怜的疲惫老妈一把散骨头了还得表演爬若干次灯柱，小人突然将灯一灭，老妈便重重地摔下来。如此，闹儿一天的节目才全部结束，美美地睡去。

6. 若是他在专注地玩水或玩游戏，看见我们哪个靠近，便赶紧说："妈你快去跟爸说话呀。"或者说："爸你还是睡觉去吧。"闹爸闻声立即扑通卧倒，哈哈笑曰："这活儿我最爱干，知我者儿也。"

7. 去学校总要路经停车场。闹闹问我："为什么轮子要圆呢？为什么方的不行呢？"他是不知，这世间的道理大体同此，圆滑的哪里都去得，方正的却注定要屡屡受挫。

（2006-09-13）

莞　尔

1. 抗拒不过闹闹的洗碗热情，我给了他一块新的海绵和一个干净且不易碎的碗，让他在洗漱间的水池练习。小人开心地干活，又走过来将这块海绵和厨房用的那块进行了全方位的比较，然后说：“妈，要记得把我的海绵带回青岛。”

2. 那天看电视新闻里正在播放希拉克访华的消息，爸爸道：“闹快看，法国总统去中国了。”闹闹大为惊讶：“为什么他回国呀？他也是中国人吗？”宝贝，他要是中国人我们可消受不起。闹爸告诉他说总统到中国卖 TGV 去了，闹闹大叫一声：“不让！”我们惊讶，问他何故，他但笑不语。我跟他爸寻思半天，料想大概他担心 TGV 卖到中国，他在法国这里便无高速火车可乘坐了。我赶紧告诉小人，总统卖的只是技术，并非卖真正的火车，他好像才宽了心。

3. 晚上的菜里有一盘是土豆丝。闹闹吃了一口，笑道：“我觉得像轻轨。”（什么都要往铁路上扯，我真要晕过去了。）我问他为什么是轻轨而不是 TGV 用的铁轨，小人回答：“哦，因为 TGV 的铁轨应该是很粗的。”我窃笑，看来俺切的土豆丝被闹爸讽为“烧火棍”的历史不复存在了，这跨时代的进步，在闹闹最客观的评点中尽显无遗。

4. 闹闹自己挑了两颗做成海星模样的巧克力，嘴里咕哝着：“哈哈，双胞胎。”然后小手儿将它们交错铆在一起，走进里屋将还在梦中的闹爸使劲拍醒，说：“爸你看，像两个齿轮。”齿轮很快便滚进了闹儿肚子里，不知闹爸继续的梦里是否也有齿轮飞转。

5. 傍晚，闹闹正玩着火车，突然发出释放气体的响亮声音。他抬头不好意思地叫我：“妈…… ”我笑问他：“是不是要 Faire caca?（拉屎）”他点头，又说道：“妈，上次我放屁的时候爸爸说那是‘屎前文化’，他是这样子说的，为什么呢？”小人满眼无辜。我笑完，对他说：“没什么，宝贝，他不过是想气死那些考古学者。”

6. 马赛三人行，住在酒店。闹爸问小人儿是否喜欢旅行，是否喜欢住旅馆。闹闹认真地回答说：“可以在外面住一会儿，但是一定要回家的。”我听了，莞尔不出来，一丝流泪的冲动涌起又按下。

(2006-10-29)

父子论“西游”

——爸，为什么孙悟空在前面探路，沙僧挑担子，八戒牵着马呢？

——分工不同。

——那以前只有猴子时，怎么办呢？

——他一个人顶仨。

——那师傅干什么呢？

——他骑在马上。

——师傅怎么懒蛋呢？

——哈哈，也不能这么说，因为他身体弱一些，没力气。

——为什么他没力气呀？是不是他不好好吃饭呢？

——那是一个原因，而且他没练过武功。

——那他怎么会念咒语呢？

——他呀，碰巧就只学会了这个，哈哈哈！

(2006-08-31)

圣诞老人（1）

万圣节过后，圣诞老人便步步挨近了。满眼都是他老人家可爱的形象，闹闹哪能放过这个话题呢？四岁半的他开始热烈期待圣诞老人的神秘礼物。

——妈，为什么圣诞老人的胡子长长的呢？

——可能他的剃须刀电池用光了，很久没刮了。

——那爸的怎么还有电呢？圣诞老人他没有充电器吗？

——可能吧。继续刷牙，宝贝。

——妈，为什么圣诞老人的胡子白白的呢？

——我不知道，你以为呢？

——哈，我觉得他是为了逗玩小朋友的（这个表达肯定是有问题的，“逗小朋友开心”的意思吧，被闹闹简化了）

——妈，为什么圣诞老人晚上才来呢，他不能白天来吗？

——不能，他很忙，白天忙着准备礼物，晚上他才有时间出来，给小朋友们带去惊喜。（谁有更漂亮的回答，敬请支招啊！）

——妈，为什么圣诞老人给我 TGV 的火车票呢？

——很简单，因为闹是个乖宝，他每天自己刷牙，刷得干净雪白。加油。

于是最近刷牙成了闹闹特别喜欢的一件事，因为每回刷两下起了泡沫，他便将满脸除鼻子眼睛外的地方全部涂抹上，当然还得再次跳下凳子，走到外屋招摇一番，满眼喜气地大声宣布：“我变成圣诞老人了！”回到洗漱间，我还必须将他抱起来照照镜子，呵呵了一阵，他才允许我帮他洗净（近期每天都得这么干，闹妈我容易吗？）

（2006-11-10）

闹爸的头为什么是方的？

闹爸的大头，加上那发型，模样是不消说的，他自己却道："还不是被那满脑袋的智慧给顶起来的。"(难道真有此事?)

这头型，竟然也被闹闹注意到了。周日早晨，难得不紧张。小人儿欣欣然睁开眼后，在我们的再三盛情邀请下，爬上大床，供我们娱乐把玩。这一下，新观察家发现问题了。

——妈妈，为什么爸的头是方方的呢?

——是吗？我也不晓得，那你知道吗?

——可能是大象踩的吧。(小人乌溜溜的眼睛转转，一副深思的模样。)

——怎么会这样？说来听听。(我大惊失色)

——是呀，青岛动物园的大象以为爸的头是根木头，它就这样踩踩踩，就把它给踩成方方的了。(小人缓缓地继续解释，还辅以手势，似乎相当有把握。究竟是哪根记忆的神经又被挑起来了?)

——我终于明白了，谢谢闹。爸的头真硬，对吧?

我还是忍不住大笑起来；闹爸大喊一声："我太惨了"，继续呼呼；闹闹一脸疑惑，一会儿也喊一声："Non!"，用被子蒙住头。

想来若果真如此，闹爸的头一定属于那榆家村榆木系列里坚硬无比的木头之一，不然哪经得起大象(竟然还是青岛来的!)如此这般塑型？幸好里头装着的完全不是如他自己所说的智慧，不然早被踩扁了，何方正之有?

(2006-12-07)

雾里看雾却无雾

早晨送闹闹和邻家女孩一起去学校，出门看，白雾蒙蒙。女孩儿雀跃欢呼，连说好美。新观察家闹闹却往四下一看，面带深思地问我："妈妈，为什么远处看有白白的雾，我走进雾里却没有雾了呢？"我一惊，可不就是如此？但是在那瞬间，可怜闹妈我还是被噎住了，不知如何作答。幸好小人立即换了话题，建议我将他和那女孩儿分别当成左右机翼，自制飞机向学校滑翔，不一会儿就着陆了。

闹闹的问题余音袅袅。返家以后，我独自呆坐了半天。大人的眼睛真的已经麻木了，小可爱们却总能用他们清澈的眼睛观看外面的世界，明察秋毫。

闹闹放了个响屁，立即学了某人的口吻说："妈妈，赶紧逃离现场，禁止明火。"自己一溜烟跑掉前，还奋不顾身救走了他喜欢的火车杂志，真是合格的消防员。

每次洗完澡，蒙了层水汽的镜子是闹闹的又一玩物：他要我抱着他，用手指在镜子上画个小人儿，再按上他的若干个小手印，才在不情不愿中被强行抱走。

闹闹总是自动将所见所闻与火车联系上。在科学城，闹闹趴在巨大的巴黎大区航拍地图上，看到塞纳河湖心的小岛将河流分成两半，开心地喊我："妈妈快来看呀，我发现了一条扳道河，跟铁路是一样的。"

参观圣·米歇尔山。在山上，闹闹看天色渐晚，不停地说："要回家！要回家！"他怎么那么想家呢？返程的大巴启动时天空还是挺亮的，进了雷恩城，已经华灯初上，可怜闹闹小儿不明白，反复问我："为什么我们的车子从白天开进了黑夜？"好诗意的问题！

说实话，我真是羡慕所有跟闹儿一样快乐着的如今的孩子们，我试着在他的童年里找寻并虚构着自己的从前。

（2006-12-12）

你总是问个不休

1. ——妈妈，为什么小 Bébé（宝宝）的爸爸妈妈总要逗 Bébé 开心呢？为什么大孩子也会逗玩他的孩子呢？（“大孩子”，是闹闹对家庭中哥哥姐姐的定义，“他的孩子”其实是指很小的弟弟或妹妹）

2. ——为什么不叫“猪老一”，但是叫“猪老二”和“猪老三”呢？（讲《三只小猪》的故事，小人对名字不统一很是不解）

3. ——妈妈，为什么数字不会结束呢？为什么到了 10 就变成两个数在一起了呢？（我还真有些吃惊，他已经发现了数的无限性。）

4. ——妈妈，人的脑袋为什么要长在头上呢？（谁能帮我解答，重赏！）

5. ——爸，公鸡是不是就是男鸡，它只会叫吗？（午餐有炒鸡蛋，闹闹吃了一口就问出这话来，二老笑得要喷饭。他小儿可是不知，近来鸡界有奇闻，曾经有只公鸡中的战斗机，不仅会叫，还会下蛋呢。）

（2007-02-25）

小海龟

闹闹晚上刷牙的时候（各位准妈妈注意了，这实在是一个非常温馨的时刻），问我回青岛后是不是要在那里上学了。我说现在不，还要回来在 Antony 上学的，因为爸妈还没有完成学业。闹闹说：“等我学完了我就要回去工作的。”闹爸哈哈大笑，说：“爱国者闹闹你拿着 Antony 幼儿园的毕业证书回去就想找工作吗？看来还真得上使馆文化处登记一下。”我也很开心，笑着说：“那你可就变成一个真正的小‘海归’了。”闹闹侧头反复问我：“为什么我就变成一个小海龟了，妈妈？为什么呀？”

（2007-05-23）

新观察家的问题很严肃

1. 妈妈，为什么地球是圆的，可是我看到的东西都在平面上呢？

2. 妈妈，为什么人在上坡的时候，脚是斜斜的，可身体还是直直的呢？

3. 妈妈，为什么我的脸和手都觉得冷，可是我的眼睛从来都不会觉得冷呢？

4. 妈妈，为什么草和树割了还会再长出来，可是人的眼睛要是没有了就不能再长出来呢？

5. 爸爸，为什么雨点掉下来总是圆的而不是方方的呢？

6. 爸爸，为什么喷泉的水喷到了一定的高度就掉下来，不能再往上升了呢？

7. 妈妈，从前的猴子能够变成人，那为什么现在的猴子不能也变成人呢？

8. 妈妈，为什么爸爸天天刮胡子可是你不用呢？

9. 妈妈，为什么蜗牛它很爱来我家里呢？

10. 妈妈，爸爸说东北的冬天很冷，一边拉 SHI 一边就冻住了，那会不会变成千斤顶一样呢？

11. 爸爸，我们能不能用火箭拖着地球往前飞呢？

12. 妈妈，为什么猫和老鼠有时候是朋友有时候又打来打去呢？

13. 妈妈，为什么我们不能在家里种西瓜呢？我都很久没有吃到西瓜了。

（2008-03-19）

稚言春风化雨

1. 闹爸经常折磨闹闹，小人很是不悦，说："谁折磨谁就是笨蛋。"（这是我头一回听到小人嘴里冒出这个词，如此解释，世间人笨或聪明似乎立见分晓。）

2. 对于闹爸愚蠢的关于"将来你的孩子几岁开始可以被折磨？"的问题，闹闹的回答斩钉截铁："他多大了我也不折磨他。"（闹爸终于产生了一丝丝愧意。）

3. 很久没再穿用的衣服或鞋子，当我再次建议小人穿上时，他总是天真地问："它今天跟妈妈说什么了？是不是它说自己休息好了，很想跟闹闹去学校玩呢？"（正是，我的宝贝，昨天的鞋子说自己很累了，要求休息，你同意了吧？）

4. 闹闹办大事，很得意地说："妈妈，我今天拉了火箭 SHI，因为它的速度太快了。"（我看看安然无损的厕具，不禁感叹资本主义国家的产品果然质量信得过。）

5. 晨起，录音机里播放着白雪公主的故事。闹闹听到坏皇后被雷电劈死了，惊问何故。我说可能是上帝在惩罚她的不善良，心里却寻思这死刑未免太重了。小人继续问："上帝是谁？"我傻眼了，唉，自己给自己下了套，又不好示怯，只好回道："上帝大概就是老天爷吧。"闹儿似乎恍然大悟，看看窗外的阴天，大声说："妈，我知道了，老天爷就是乌云。"（幸好小人很快转移了斗争大方向，玩别的去了，闹妈长嘘一口气。）

6. 闹闹小人对于生命的奥秘兴趣很浓，问完了一连串谁生谁之后，带着无限憧憬的笑意说："闹坐在妈妈肚子里，妈妈坐在外婆肚子里，外婆坐在太婆肚子里，就像楼梯一样，真好玩。"（"四世同堂"果真就是这来由么？）

7. 闹闹心不在焉地吃着米饭，突然说："我觉得米饭很像笔，它进到肚子里去画画了，而且因为它是圆头的，不是尖头，所以不会把肚子戳破。"（各位试着想象一下那激烈的作画场面如何？）

（2007-03-17）

似一股清泉流

1. 我试图对闹闹进行启发式教育学习汉字“问”，满脸堆笑充满期待地对他说：“门上出现了一张大大的嘴，那是想干什么呢?”小人不假思索地回道：“La boite aux lettres 。”所答何物? 信箱也! 闹妈哭不出来，只好大笑，毕竟这答案说明小人的想象力还是挺丰富的，我还不能算是“不战而败”吧?

2. 闹爸和来自清华大学的邻居在大学公寓的体育馆打乒乓球，球室属于底层，门向着室内的走廊，唯有大落地窗对着绿草坡。我和疯跑了半天的闹闹自窗外看他们，那二厮打得十分投入，虽动作不够酷，扬高声以补偿，大概满以为身处世界杯直播现场，不知今夕何夕了。一会儿我们便转身离开，在草坡上闹闹发了言：“妈妈，我们觉得他们也像是在监狱里打球。”我大吃一惊，忙问他原因何在。小人学他妈平日里的某种口吻，淡淡地说：“就是一种感觉。”

3. 不知何故闹闹突然问我：“妈妈，为什么我不能抱刚出生的小孩子呢?”我十分教条地回答：“第一，你的力气还不够大，抱不动也抱不稳，容易把小娃娃给摔地上了；第二，刚出生的孩子太脆弱了，要是你没抱牢不小心将他掉地上，啪哒一下会摔得很疼很疼。”闹闹眼皮不抬，顺理成章地说：“那我们就不要小孩子了吧。”哦，原来有陷阱! 就这么说定了宝贝。(其实闹闹很会照顾比他小的孩子，我想他还真是出于担心方出此言，而非出于别的心机。)

4. 闹闹一边咬牙切齿地使劲办大事一边嘴里还嘟哝着问我：“妈妈，为什么我的 SHI 有时候漂亮有时候它不漂亮呢?”这这这…… 敝 SHI 自珍，小人儿追求完美的性格竟发展到了这等地步，可真要将为娘的难倒了。“好宝贝，天才艺术家也偶有失手的时候，世界上没有常胜将军，你别难过，下次好好用心创作就行了，好吗?”小脸通红的他答应道：“好的，妈妈。妈你说什么呢? 听不懂呀。”

5. 家长会又将要开始为学校的年庆进行准备了。我问闹闹：“你们学校里今年的主题是什么?”没想到他竟然懂得这个中文词汇，笑着说：“不能告诉你呀，因为这是个 Secret。”“真的，是谁说的?”“是 Mme Garcia 说的，所有的小孩子都不告诉爸爸妈妈，因为这是个秘密。”我心里暗笑也暗赞，小孩子这么守信用，实在远胜大人的世故与轻诺。但我故意逗他：“你不告诉我我也能猜到的。”没想到小人急得哭起来，泪光盈盈，一边还直摇头兼摆手：“不许猜，不许猜，妈妈，你不能猜到呀，我就是不让你猜呀！”我忍住笑，赶紧说：“好吧，那我坚决不猜了。”闹闹这才不哭了，但是要求跟我拉钩，终于放了心。我也认真地藏起自己的好奇，以保护他那颗纯真宝贵的童心。

6. 闹闹那天在学校认真练习了用吸管吹泡泡，肚子里肯定喝下了不少泡泡液(他妈妈小时候在清贫的乡下，馋到极致时，曾经跟小伙伴们用大块的黄肥皂配置过创意饮料一喝，没申请专利，如今实也在想不起什么味道了)。放学接他时，小人嘴里不停地酝酿出白沫来，反复地吐。我知道那嘴巴里发淡的难受劲儿，赶紧叫他不要再吐了，回家反复漱口几次就没事。小人儿闻言，甚感欣慰，庆幸地说：“要不然我尿出来的全都是泡泡尿，那可糟了。”

7. 那天在公园里，看着阳光下那个小小少年生机勃勃的小脸蛋，忍不住捉过来亲一下。闹闹也亲一下妈妈，接着边往前走边认真地说：“妈妈你漂亮，我刚才忘记说了。”为娘的不禁心花怒放，暂不去想自己是否还依然漂亮的事实，而只为他这句可爱温暖的稚语，对师姐 Margueritte 大笑着喊出来的“这个小马屁精”更是完全不以为然。

(2007-04-20)

大脑，朋友，及其他

早晨送闹闹去上音乐课，小人一路上且跑且走，小嘴儿饶舌不止。

——妈妈，比如我转身，我跑，我停，我动一动手指头，是怎么样才能进行的?

——哦，那是你的大脑发布命令，指挥它们这样行动的，我的小毛驴。

——那我的胳膊，我的腿，我的手就都是大脑的朋友，因为它们听大脑的指挥。

——你说得有点道理，我的小黑驴。

——妈妈，那小脑是大脑的朋友，小脑也是脖子和背的朋友，因为是小脑让脖子伸得直直的，它管后面。

——宝贝，谁教你这些的?

——我学的。

我们小跑了一会儿停下来慢慢走，闹闹说:

——妈妈，是大脑命令你跑的，它也命令我了。

后来不知何故他的嘴里蓄了很多口水，总算找到一个垃圾桶。我问他原因，小人十分无辜地说:

——都不是我干的，是大脑命令我的，是大脑的错误。

——算是吧，下回我们要大脑好好工作，不能乱指挥了，好吗?

——行的，妈妈。

——妈妈，我的红 manteau(大衣)是蓝 manteau 的朋友，蓝 manteau 是黄 manteau 的朋友，它们都是好朋友。

——你怎么能有这么美妙的发现呢，我的小饶舌?

——因为它们都是热乎乎的，让人出汗，对吗?

——太对了，我的小魔头。

——Pansement（绷带，创可贴）是伤口的朋友，透明胶是撕破了的纸片的朋友。

——闹闹好宝贝，你对"朋友"的理解真是很特殊、很可爱，妈妈非常喜欢。

小人儿却又害羞了。

晚上刷牙的时候，我告诉他赶紧睡觉，明天好有精神出去玩。小人儿问：

——妈妈，为什么没有星期八、星期九、星期十呢？

——哦，那可不行，人工作了五天，觉得累了，得停下来休息两天，养好了精神才能重新工作和学习。

——所以太阳和云就一起去告诉月亮了吗？

——可能吧，那你是怎么知道这件事的呢，我的小臭虫？

——Ah non，是我猜的。（又害羞了）

——妈妈，我想默罕麦加了（那是他一个搬家离开了的小伙伴）。

——妈妈，我不想要 Dabinne 搬走。

——妈妈，我没有晒黑，你说错了，是 jaune foncé（深黄），我是黄种人嘛。

——妈妈，我可以再玩五分钟吗？

——妈妈，五岁的时候我就变成大孩子了吗？……

每天我都被这样喋喋不休的话语包围着，又何尝不是一种最自然朴素却又奢侈的幸福呢？

（2007-05-19）

尤怜小儿语

有一辆街区公共汽车，很旧了，较长的间隔之后才出来运行一次。上回闹闹跟爸爸去上音乐课，路上突然看到这老车，高兴地问："哎，它怎么又出现了呢？是不是它想闹闹了呢？"呵呵，看来自恋不需年龄呢。

闹爸每天都要问好多次："今天几级折磨？"闹闹不耐烦地大喊："零折磨！"

闹爸未免有些心虚，低三下四地问闹闹："折磨小孩算不算不文明的行为呢？"闹闹十分通情达理地说："不算，因为是用来逗小孩玩的。"闹爸大笑，说："你怎么一点都不糊涂呢？"

闹爸又问："爸爸为什么就喜欢折磨闹呢？"小人儿继续摆弄玩具，头也不抬，回说："因为爸爸爱闹闹。"闹爸得意非常。

闹闹跟爸爸聊天，说："爸你知道吗，我觉得薄荷应该是风做的，因为它凉凉的。"

闹问爸："航空母舰就是海上飞机的妈妈吧？"

六月的第一个周日，我在儿童旧货交易市场给他买回来一个蓝色充气游泳池。闹闹躺在水中，喜不自胜，竟然来回反复地感叹："妈，你好呀，你真的Gentille呀，你真的很好呀。"整得闹妈怪不好意思的，长到这把年纪，还从未被人如此直白地表扬过。

闹闹非常珍爱自己的蓝色泳池，躺在里面说："妈妈你可以进来，因为你从来都不折磨我，而且你总是做事情；爸爸我不让他进来，因为他太胖了，会把我的游泳池压破的，而且他总是折磨我，一天都折磨。"瞧，"折磨"终究是要付出代价的。

(2007-06-14)

妈，你知道吗

——妈，你知道吗，Isaac 差不多快要不是我的朋友了，因为一起玩的时候我有时出错，他就这么说了。但是没关系呀，我还有 Adrien 和其他小朋友呢。(在挫折中成长。)

——妈，你知道吗，我都不想 Théo 来学校了，因为他不让我说话，只想他自己跟 Isaac 说话，我就说："Ce n'est pas juste。(这不公平)"(在挫折中得到磨炼。)

——妈，你知道吗，Laurent 在学校吃饭吃得太慢了，因为他太小了，有时候大孩子欺负他，我就过去帮助他。(那是个中国男孩子，个子小小，让闹闹很有做哥哥的感觉。)

——妈，你知道吗，我跟 Laurent 很多都不一样，但是只有一个是相同的，就是我们都是中国人。(令我十分欣慰的认同意识。)

——妈，你知道吗，楼下的跷跷板、滑梯、木马什么的都被工人修理过了，那根新绳子的颜色，我都觉得挺好看的。(闹闹最喜欢观察了，总有新发现。)

——妈，你知道吗，这是用来保护小孩的。(小人指着电视遥控器上的静音标志说。闹闹这般归纳，让闹爸想起来就乐。)

——妈，你知道吗，我的这块海绵跟去年的那块不一样，它一面是软的，一面是麻麻的。(爱比较的小小人特意拿到厨房来跟我说。)

——妈，你知道吗，我告诉爸爸了，无花果就是不结花开的果，我说是妈妈教给我的。(我发誓真不是这么教的。)

——妈，你知道吗，Mme Garcia 为什么只拿了我画的太阳贴在这里(幼儿园里的宣传栏)，因为我的太阳最大，胖胖乎乎的。(小人满脸自豪。我很高兴闹闹眼中的世界，色彩是鲜艳的，太阳是大大的。)

——妈，你知道吗，我觉得核桃的肉很好玩，长得奇模怪样的。(小人估计常听到老爸说“人模狗样”吧，自己开始举一反三造词了。）

——妈，你知道吗，爸他太烦人了，他老是问我：“今天回到家爸的第一件任务是干什么？”我都很不想回答。（那个问题的答案，是“折磨”。）

——妈，你知道吗，昨天我在路边的墙上看见一只大蜗牛和一只蜗牛宝宝，但是我没有把它们带回家，我怕它们会死掉，那就太可惜了。（真是个善良的小人呢！）

——妈，你知道吗，我都不喜欢跟他们那些孩子玩打来打去的游戏，我觉得没意思。（对回国期间的见闻发表意见。）

——妈，你知道吗，人长得高一点矮一点都没有关系，只要健壮有力量就好了，最重要的是要有思想。（纯粹鹦鹉学舌。闹闹在班上个子显矮一些，闹爸便常常如是教导。我呢，还没有跟他举拿破仑和现总统萨科奇的例子，我其实只想跟他说：你爸一米七还得是一大早量的，据说在婚介所里基本属于“二等残废”，还不照样家有仙妻？）

——妈，你知道吗，爸说你们去青岛就是为了生我的。妈，那你们生我的时候，有没有想我是男孩子还是女孩子呢？（闹闹舒服地躺在床上，竟然面带神往地如此问我。）

——真的没想过呢宝贝，那是很偶然的，我只是想那肯定会是一个可爱的闹闹！（脑子里突然记起博友丁香在《不再完整的心》里面描述的“造人”之“苦”。虽然自己没那么难，当年也是相当不容易呀，哪里还顾得上挑男选女？）

——什么是偶然呢？

——偶然嘛，就是不确定，是大自然的选择，就是在天上高高兴兴飞着玩的你，不早也不晚刚好过来找到了爸爸妈妈。好了，闭上你的小嘴，睡吧。

——大自然的选择又是什么呢？

——这个问题今晚拒绝回答。晚安宝贝。

（2007-10-07）

美妙的乐符

1. 十月份有几天我们都需要很早起床，之前我预告过闹闹。第一个早起的清晨，还是夏令时的六点钟，我硬着心肠去叫醒他。我只轻唤了一声，小人立即爬起来，眼睛还睁不开，一手扶着墙，脱口而出的第一句话竟然是："没睡好也要坚持。"我以为自己听错了，问他说了什么，小人使劲揉揉眼又说了一次，我那装出来的坚强瞬间被击得粉碎，眼泪却终究忍住没流下来。

2. 上周某日下了整整一天的雨。闹闹早上起来，美滋滋地穿上雨鞋在屋里走来走去（那一天他直到睡觉才肯脱下来），然后到洗漱间来跟我说："妈，今天花有好运气了。"

"怎么讲，宝贝?"我一时脑筋没有转过弯来。

"你看嘛，因为下雨，花可以喝水了。"小人耸耸肩说道。

"这样啊，闹今天也有好运气，你可以穿雨鞋了。"

3. 闹闹跟妈妈躺在床上说闲话。小人说："妈妈，我只想要娶新婆，不想要娶老婆。"

闹妈说："果然男人天生就是喜新厌旧的标兵吗?"

闹又说："其实我也不想要娶新婆，我只想跟爸爸妈妈在一起。"

闹妈笑："将来你的想法会改变的。"

闹斩钉截铁地说："不会改变。"

闹妈依然笑道："不要急于下结论，好孩子。"

（忽然想到朋友家那个只比闹闹大一岁，为了不让他妈妈太老才做奶奶，而已经打算将小女友娶回家好好爱的早熟的小贝，不禁大笑。看来闹闹需要哥哥帮忙进行启蒙教育了。）

4. 夏天从国内返回后，闹闹对"优点、缺点"很在意，常常让我讲解一番。那天吃早餐时，我又被迫解释一遍，话音刚落，小人很认真地说："妈，你的缺点就是太爱吃巧克力了。"此时我手里的餐刀正要向巧克力酱瓶砍去，闻听此言，手一软，餐刀哐当掉地。我还没来得及不服气地说："妈妈这么苗条但吃无妨"，小人儿已经扭身朗声对着里屋说："爸，你的缺点就是太爱睡懒觉了。"闹爸在那厢痛苦地"嗯哪"一声。当这个小人儿的二老，还真是不容易！

"那你自己的缺点呢?"我跟他较上劲了。

"呃，就是爸妈叫我干别的事情的时候，我总是说，'等一等我还没有画完呢'或者'等一等我还要再看一页'。"(通常都是 *La vie du rail*《铁路生活杂志》)

"哼，你的缺点就是爱磨蹭。"(我心说你这缺点找得倒好，似乎还可以另解释为"执著"或者"专心"呢。)

5. 有两天他总是缠着我问"天堂"的问题，洗澡的时候又提起这事。

"妈，人为什么要去 Paradis?"

"在人间的日子结束了，就去那里休息。"

"那要怎么样才能去?"他小脸被热水蒸得红扑扑的，仰头问。

"一下子就飞走了。"我有点力不从心了。

"比火箭还快吗?"一双大眼亮晶晶的，看着我。

"算是吧，可能跟悟空差不多快。"

"妈，××爷爷已经去 Paradis 了，为什么××奶奶还不去呢?"

"不是谁想去就能去的，要接到 Dieu(上帝)的通知才行。"

"Dieu 怎么样才能通知人去那里呢?"

"这个吗，是个秘密，谁也不知道。"

"那天堂里的人都在干什么呢?"

"开心地玩，休息。"我真的快要招架不住了。

"天堂里那么好，为什么我们还不去呢?"

"妈妈已经说过了，必须把人间的日子过结束了才能去的。"

"妈，天堂里的人怎么样才能回到我们人这里来看一看呢?要是他们想回来的话，有没有办法呢?"

"他们都是天使，长着翅膀，自由自在，想回来就飞回来了，你别操心了，好吗，我的小伙子?瞧，水车真好玩。"

“妈，我还要很多很多泡沫。”

“没问题。”阿弥陀佛，谢天谢地，我长出一口气。

6. 还是在洗澡的时候。闹闹问：“妈，为什么剪刀不能把水给剪断呢？”

“哈，这就是‘抽刀断水水更流，举杯浇愁愁更愁，爱情两个字，好辛苦’。”我顺势唱了一段。

“什么意思，妈？为什么水剪不断呢？你给我讲呀。”

“剪不断，理还乱，是离愁。”我故意逗他。

“你说什么呢，妈？为什么剪不断？”

“因为剪刀太小了，如果剪刀像大闸门或者大水坝，还是可以剪断的。”（唉，文人墨客要是碰到这样的说法，还往哪里去找意境呢？）

7. 闹闹向闹爸道出心中的一个秘密：20 岁的时候，他要造一列高速火车，它有长长的鼻子，大大的嘴巴，嘴巴里边还有 Haut-parleur（高音喇叭），火车上写着闹闹爸妈的名字，但是火车自己叫作“Airbus 380”（咦，怎么用了巨型飞机的名字呢？我一直忘了问他原因）。而且，他强调说：“要学很多很多知识才能做好这列火车。”

诸如此类的音符，总在寻常的日子里流淌，不经意间，已然如晶莹的珍珠成串。闹儿继续快快乐乐地玩，以他清澈的眼睛观察这个纷乱的世界，以他孩童的天真给予独特的注解，小娃儿就这样慢慢长大。

（2007-11-11）

圣诞老人（2）

又近岁末，圣诞老人理所当然成了闹闹嘴里最频繁涉及的话题。第一，闹闹小先生自己考证得出结论：圣诞老人真厉害，他一定会讲各种各样的外语，才能跟世界上所有的小孩说话；第二，圣诞老人应该叫“谜语先生”，因为每个小孩心里想什么他都知道，真是太厉害了；第三，圣诞老人很善良，不乖的小孩他也爱，因为他想要让他们变好；第四，圣诞老人如果从商店或者工厂里拿了礼物送给小孩，他不能算是“Voleur”（小偷），因为他这么做是为了让小孩快乐。闹闹自己的愿望全是重型器械：本年的破纪录火车、郊区快线、地铁6号线、闪电麦坤等。我提醒他说：“如果有些东西工厂里还没做出来，那么圣诞老人也没办法，你明白吗?”小先生此时显示了惊人的豁达与善解人意，说：“那也没关系呀。”这令我大大松了一口气。

日子临近，小先生又问我：“圣诞老人的小拖车有没有摩擦力呢？它在地上跑的时候会不会被磨坏呢？它总要从天上下来给小孩送礼物的吧？那怎么办呢?”这个孩子，真操心啊。

那天有个大他两岁的小女孩偷偷问我：“他还信圣诞老人吗?”得到肯定的回答，她很不屑地说：“我已经不信了。”可我希望闹闹愿意信多久就信多久，毕竟这样单纯美好的快乐时光，在人的漫长一生中所占的比例太少了。

（2007-12-20）

中日停战原因新说

圣诞次晨，小闹人眼一睁，静默一秒，突然问我："妈妈，为什么以前的时候日本人跟中国人打仗，可是现在他们成了朋友呢？"我一听，心潮澎湃，革命的神经立即被挑醒了，立即想到了关于国与国之间永恒的利益和短暂的朋友关系的问题，正思考从何谈起，还没来得及张嘴，小人儿自己却已经找到了答案。他说："哦，妈妈，我知道了，你还不知道吧，我给你讲。就是呢，他们觉得打来打去真的很没意思，所以他们就停下来变成好朋友了。"

"就这么简单，宝贝儿？"我吃惊地说不出话来。心里却想，好小子，要是你能将这个理论拿到如今仍处在战乱中的那些地方游说一番，让他们接受并实行，那世界可就太平了。往私里说，贡献那么大，下一届诺贝尔和平奖可就非你莫属了。

哇哈哈哈哈哈哈……

未来的诺贝尔奖获得者之老妈不禁仰天大笑。是的，战争是残酷的，更是愚蠢的，我家闹儿爱和平。

(2007-12-27)

泉边直译

周日的午后，微雨，闹儿穿上久违的长颈鹿雨鞋，我们三人各自打着伞到旁边的大公园里散步。许多勇敢的人们短衣短袖在雨中慢跑，真真佩服他们。就在那美丽的喷泉旁边，天鹅游弋，鸭子眠于水上。小人儿大概是触景生情，突然用清澈婉转而稚嫩的童音唱起了那首古老而著名的法语歌谣“A la claire fontaine”(《在清泉边》，即超女尚雯婕曾经演绎过的那首《梦之浮桥》)。我和闹爸很吃惊，静静地听他唱完两段，究其详，闹闹说是跟幼儿园的小朋友学的，他们都爱唱这首歌。“可是我只记得前面的，其他我忘了。”小人儿很老实地承认自己不记得全部歌词。可是我已经很满足了，笑着问他可知道回旋段“Il y a longtemps que je t'aime，jamais je ne t'oublierai”中文是什么意思。闹闹脱口就说：“很久我都爱你，从来我也不忘记你。”我和闹爸听了，再次惊喜莫名，不禁笑着夸奖他，小先生却羞得跑远了。坦白说，他的直译虽幼稚，却还是挺准确传神的。网上有多种译文，我喜欢的其中之一是：“思君良久，不敢或忘”。哈哈，小先生，你的古文学习急需加强呀！

(2008-01-17)

我饶舌可是我很可爱

1. 妈，你知道我为什么要给这些铁轨涂上油漆吗？是为了跟借来的铁轨区别开。

2. 妈妈你知道为什么我不想画长颈鹿吗？因为它个子太高了，总是得画到纸外面去。

3. 妈妈你知道长颈鹿是怎么喝水的吗？它这样子把腿叉开就可以了。

4. 妈妈你知道我为什么要给奶牛画上粉色的奶吗？因为要不然它就变成男的了。

5. 妈妈你知道我为什么要这样画猴子吗？是为了让你们开心笑一下。

6. 妈妈你知道我为什么明天还想要穿这件大衣吗？因为觉得它的颜色像蓝天一样，很漂亮。

7. 妈妈我可以拒绝吃黑巧克力吗？我连甜的也不吃，行吗？我保证。

8. 我不要妈妈剪头发，觉得这样就挺好的呀。
9. 爸爸快来看呀，我成功了，我做了电影的实验。
10. 妈妈，我知道有一个地方是专门用来看松鼠的，你跟着我吧。
11. 爸，我有点不爱星期五了，因为总是要练肌肉，有点太累了。
12. 妈妈，这些花儿落下来很好看，感觉到像是在下花的雪。

（2008-03-19）

白天的小开关

春暖花开，天亮得越来越早了，即使已经是夏令时制。闹闹总是很早就睁眼说话，吵醒春眠不愿晓的大人，而且立即开始喋喋不休十万个为什么。他的第一个问题，究竟会是关于人体生理排泄，还是犀牛为什么长着尖尖角，从来都无法预测。

“妈妈，我可以起床了吗?”

“你能不能再静静地躺一会儿呢?”

“可是我已经醒来了，表示我已经睡够了，躺着我会难受。”

“理由好像挺充分，起来吧。”

“耶”，闹闹一骨碌爬起穿衣，嘴里说：“我起来就表示天亮了吗?”

“是的，你把天给吵醒了。”

“那我就是白天的小开关吗？我很高兴，妈妈，因为我像是闹钟一样的开关，我滴滴一响，就把白天打开了。”

“好像可以这么说，小开关宝贝，你真厉害。”私下里我多么渴望能对这个“开关”进行不动声色的遥控。

我的小开关就这么轻快地把倦怠而静谧的黑夜关上，带来了紧张而喧闹的白日。小孩的一天，大人的一日，同样的时长，不一样的瞬间。然而由小人的稚言嫩语为我们掀开每天的窗帘，看到外面阳光下渐浓的绿色，也不失为一件平常的幸福事吧。

还是要谢谢你，我亲爱的小开关。

(2008-04-20)

小开关絮语

小开关打开的何止是白天，更有那张喋喋不休的小嘴。

1. ——妈妈，昨天我们在 Centre de loisirs（托管中心）院子里野餐的时候，辅导员给我们小朋友分三明治，别的小朋友都没有说 Merci（谢谢），只有我自己说了。

——闹闹真棒，你做得对，这说明你尊重了别人的帮助。辅导员表扬你了吗？

——没有，但是他也跟我说了 Merci，然后他就对大家说："你们看，只有闹闹一个人知道说 Merci 。"结果别的小朋友才都说了"谢谢"，可是我就不用说了。

他的最后一句话令我和闹爸大笑。

2. ——妈妈，为什么树杆都长得圆圆的，不是三角形，也不是方方的呢？

——天哪，妈妈真的从来没有注意过这个现象。你真是爱观察、爱动脑、会发现的好宝贝。

——为什么呀，妈妈？（小人似乎对夸奖不太感冒，他要的是答案。）

——这是个讲究圆融的世界，圆的大概方便些，也好看吧，更不容易发生碰撞，不容易受到伤害。（我这么说完，想起从前他也问过我为什么车轮是圆的而不是方的问题。）

——我觉得方的也挺好看的呀。

——倒也是。不过圆的更合乎自然，是大自然的选择吧。（我又使出了杀手锏。）

——怎么什么都是大自然选择的呢？

——那是，所以说要顺应自然嘛。

3. "妈妈，说话是谁发明的？为什么不同国家的人说不同的话呢？"小开关闹闹一推门进家里，冷不丁就这么严肃地问我一句。

“嗯，你提的这个好问题，也仍然是如今的科学没法解释的神秘现象。”闹爸抢先回答。

“妈妈以前跟你讲过巴别塔的故事，可能算是个原因，但也只是个传说，一种猜测而已。”我如实相告。

“那为什么上帝不愿意人造一座很高很高的塔，可以爬到他那里去呢？”

“上帝的意思，我们没法知道。你将来研究一下这个问题，自己去找到答案，好吗？”我含笑看着他的黑眼睛。

“好的，妈妈。那走路又是谁发明的呢？”他依然严肃得像头驴。

唉，莫道答完便无事，赚得闹妈空喜欢。

☹☹☹☹☹☹☹☹☹☹☹☹

那杨万里早说了：

正在万山圈子里，一山方出一山拦！

(2008-04-27)

出　轨

傍晚时分，闹闹强烈要求爸爸跟他一起玩火车，而且希望玩刺激的，似乎小孩天生都有破坏欲。他着急地喊：“爸，你快出轨呀，快点呀，你怎么还不出轨？”闹爸大笑：“这儿子，太体贴你老爸了，看来没白‘折磨’你。可是你要我出轨，妈妈同意了吗？”闹闹头也不抬，继续专心玩着火车，嘴里念叨：“妈妈在做饭呢，我们就不用问她了吧。爸，你快点出轨吧，求你了，快点呀。”闹爸显然身不由己，窃笑着旋转开关，说：“好吧，这么强烈的邀请我无力抗拒，谁让还特别是在夜里呢。”

(2008-11-10)

人之初的几个重要问题

脐带

很早以前闹闹就问过自己是如何生出来的，多次讲解之后，他对脐带的功能也算是略知一二。四岁半的他有一天仰着小脸总结说："很小的时候，我还在妈妈肚子里，妈妈吃的东西就通过脐带爬爬爬，爬到我的嘴里，这样我就可以吃下去，我就长大了。"

一年多以后，脐带仍然是他很爱探询的问题。一天早上他天真地问我脐带是铁做的还是肉做的。我不假思索，答曰："当然是肉做的，哪里有铁呀?"小人瞪大了眼睛立即反驳我："可你们不是总要我多吃土豆，说里边有很多铁嘛。"我哑然失笑，还得想办法耐心告诉他，身体里有铁没错，但那属于微量元素，无论如何是凑不够做成一根铁脐带的，不然那可太硬了，妈妈的肚子可受不了！

肚子里的贝贝怎么拉屎

同样是五岁半的闹闹，某一天他突然行动迅速，自己跑进洗手间办人生大事去了。憋得满脸通红的他，推己及人，不仅关心宇航员在太空里如何拉屎的情况，还突然想起另一个很重要的事情："妈，小贝贝在他妈妈肚子里是怎么拉屎的?"我记得新生儿有排胎粪之说，想必在胎儿期间是没有如此作为的，就给了小人一个否定的答案。这下子麻烦了，整个晚上，他无论如何没法相信小贝贝在妈妈肚子里呆那么久却从来不必拉屎的事实，时不时问我一句："妈，怎么能呢?肚子里的贝贝怎么能这么久不拉屎呢?"技穷的老浙驴只好再次使出杀手锏，告知；"生命是最神秘的一件事情。"

生命的盘问

"妈妈，人是怎么生出来的?"

唉，又来了。再过一个月将满六岁的闹闹，对生命的盘问从未停止过。闹妈无奈，仍得挣扎应对。“我们上次在科学城看的三维小电影，你还记得吗？跟那个是一样的。一开始就是爸爸给的无数个小蛋蛋，或者叫小蝌蚪吧，它们中间有一个最厉害、最有力量跑得最快的，它跑呀跑，最先找到了妈妈给的那个卵子，一下子用力钻了进去，它们就合成了一个细胞，然后这个细胞就变变变，不断分裂，越来越大，最后就变成宝宝了。”

说完，看着眼前的小小人儿，我突然很感慨地亲了他一下，说：“你其实已经赢了人生最初的一场比赛了，很不容易呢。”

闹闹的神情里有些儿自豪、有些儿羞涩、还有些儿悠然神往，微笑着问我：“那为什么结果是我赢了呢？因为我锻炼得好吗？因为我坚持了，对吗？”

“是的，宝贝。”

“那些小蝌蚪是怎么锻炼的？它们也 musculation（练肌肉）吗？”

“哦，它们练习游泳就可以了。”

“我赢了，那别的小蝌蚪呢，它们都去哪里了？”

“哈，你还挺重视队友情谊的。别担心，它们都变成了营养，帮助你在妈妈肚子里长大。”

“为什么我长大，它们却变成了营养来帮助我呢？是谁决定的？”

“那还用说，当然是大自然决定的了。”

“为什么大自然决定了让我赢呢？”

“因为你最棒呀！”

“为什么大自然就知道我最棒呢？”

“大自然嘛，它总是有神奇的力量，我们无法全部了解的，小宝贝。”（呵呵，可怜闹妈我又跳起了最后的华尔兹。）

闹闹沉默了一小会儿，突然笑出声，两眼放光，说：“妈妈，我也已经有两个小蛋蛋了，它们怎么不游泳呢？”

（2008-04-27）

我洗钱了！

我从图书馆回家，一进门，闹闹即从里屋跳出来，喜滋滋地大声喊："妈我洗钱了！"为娘的冷不丁被吓了一大跳，这这这……可是从何说起？这年头竟然还有人大声喧哗声称自己"洗钱"了，警察局可就在家旁边呢！

"快来看嘛，我洗钱了，可是还没有洗完呢。"闹儿拖着我往里边走，看他的"作案现场"。地上一盆棕色液体，闻着带点酸味，旁边一大堆铜色的欧元分币，还是湿漉漉的。看人赃俱在，我忍不住笑起来，如此"洗钱"，警花出更算是白忙活了。闹闹眼睛发亮，小嘴喋喋不休："妈妈，我从实验手册上学到了好办法，我就想要帮你们洗洗钱。你知道我用了什么吗？在水里放盐和醋就行了。爸爸说钱最脏了，有很多细菌，而且我觉得它们的颜色也不好看，我就想要洗一洗。你看，干不干净？"闹闹说完，晃晃绿袋子，又道："妈，你们有好多钱呀，我都洗累了，明天再继续，好吗？"我捉住他，使劲亲着他那神采飞扬的小脸，笑得说不出话来。闹闹挣脱我的纠缠，充满期待地问："妈，你觉得我干得怎么样？"

顶着包庇纵容的罪名，置马虎斋世代清白于不顾，我眉开眼笑，大声夸奖他："干得真不错呀，闹宝宝，洗得很成功，闹是个非常合格的实验员。"

（前些时闹爸给他买了"一百个化学实验"，简单安全，配有必要的器材。小家伙天天趴在地上逐条阅读和琢磨实验手册，浪费了家里的很多物质资源，自己动手，体验着成功与失败。兴趣果真是最好的老师。）

（2009-08-11）

我想爸爸了

八月中旬，到南部朋友家的第三天上午，闹闹和金发小帅哥在院中的游泳池里快活地游来游去，不时笑闹着。我在岸边紧张地监视他俩，一刻也不敢掉以轻心。

玩了大半天，闹闹突然游到我跟前的泳池台阶上站定，露出半个身子，张开豁牙笑笑，还有点不好意思地说："我想爸爸了。"我心里一震，微笑着问小人："怎么突然想他了呢？你怎么知道的？"他用右手摸摸左胸，仍然羞羞笑，说："因为感觉到心在跳。"我伸手轻轻挠挠他的湿头发，说："那我们晚上给爸爸打电话，你告诉他，好吗？"闹闹答应一声，笨笨地游走了。

我依旧紧张地监视着泳池里的动静，心思却越过苍翠的远山，飞回两年前的春天。学期内的假期，我独自去法国中部调研几日，不满五岁的闹闹跟爸爸混日子，每天只在晚上能有时间通个简短的电话。回来后，大概已经过了一个多月，有一天，游戏中的闹儿突然停下来看着我，慢悠悠地说："妈妈你知道吗，你在Châteauroux的时候，我想你了。"那一刻，我只能将眼前的小人儿紧拥入怀，眼眶湿润，嘴里只懂得轻唤"宝贝"二字，再说不出别的话来。世间所谓血浓于水的母子亲情与相互牵挂，似乎再无比这句稚言更简洁的诠释。

六岁以前的孩子，据说跟母亲仍然是一体的，跟妈妈那些天的分别期间，懂事的闹儿没哭没闹，却一定经历了不小的煎熬吧。如今七岁多的他，像个独立的大人一般，跟妈妈谈起对远方的思念。

（2009-08-27）

附录：云中谁赐锦言来

——博友评论精选

《跟你厮混在一起》

- 娥：2009-03-04 03:49:57　这种温暖让俺在沙发上泪涟涟啊……

- Julien：2009-03-04 04:15:56　冰冷的夜坐在板凳上感受着字里行间的温暖，画面仿佛就在眼前，浮现在脑海里的那一张张熟悉的笑脸给予了“温馨”最美丽的诠释！

- 千斤：2009-03-04 06:05:08　本以为跟孩子“厮混”一词还是我发明的呢，原来当妈的都是这样。Pauline 是让我钦佩和羡慕的妈，花这么多心思在孩子身上，成就非凡。

- 午腾：2009-03-04 08:19:47　闹闹，已成为他父母十足的“小情人”了，不是吗？很安静地读了闹妈的生活纪实，感觉闹闹就像草坪上的小草，年轻妈妈的爱就像那公园里的在初春阳光下的湖水，草坪与湖水相依。那颗稚嫩小草依然害羞，但却纯净、勇敢。虽然他充满联想，但是这颗小草不再是小草，而成为一株树苗，在异国他乡茁壮成长。

- 洞箫：2009-03-04 13:34:35　刚才看到，澎湃的激情蕴藏在平静的河流中，令人震撼！晚上再来品读。

- 唐启意：2009-03-04 14:41:48　温情如水，温润如玉，温暖如春。豁牙小伙儿有这样的母亲，就如同沐浴在春风里。

- 牛歌：2009-03-04 23:01:44　我跟在你们母子俩的后面，有些眼热，有些感动，也有些自责——这样温馨的时刻，我也曾经有过，但为什么不用笨拙的笔记录下来呢？错失良机，只能遗憾，它们像我的青春一样一去不复返了。你和闹闹真像是好朋友，互相交流着心得。你们一起滑冰、游园，一起看鸟儿，还写诗。这首诗与汉乐府《江南》如出一 辙：“江南可采莲，莲叶何田田。鱼戏荷叶东，鱼戏荷叶西，鱼戏荷叶南，鱼戏荷叶北。”相信会有一天，你会将闹闹成长的故事编成一本书，配上从小到大的照片，作为最好的礼物送给他。

● 洞箫：2009-03-05 12:25:47 读了几遍《跟你厮混在一起》，昨晚归来，薄醉微醺中仿佛听见了闹闹咯咯的笑声。涉及闹闹的文字，在 Pauline 这里统计为 105 篇，我又约略地回看了一遍那些个题目，我知道在那些长短不一的题目后面，是一丛丛盛开的花朵，是一张张或许还带着泪痕的笑脸，是一个个动人的、洋溢着亲情和爱心的故事。算来，也已经是三年之久了，这么多篇幅、这么多文字，写一个孩子，却丝毫不觉得重复，反而每一篇，都会有让人期待、令人感佩、给人启迪的新的内涵！其实，Pauline 已经不单单是在写闹闹了，她的文字，透过闹闹，给我们展示的是人间的大爱和一个中国母亲宽博、柔美、纤细、慈爱的情怀。读这些文字的时候我们常常感叹，为什么在我们当年没有拿起笔来，去记录我们和孩子曾经的一个个生活的瞬间。其实，并不是条件具不具备的问题，我们对待孩子远没有像 Pauline 这样恒久的耐心和细致的关爱，在我们那些蹉跎岁月里，我们给予孩子的仅是温饱和期望，甚至有时还会加以巴掌和鞋底，让孩子由此记住了家长的威严。想到这些，不由得愧疚和难过起来。Pauline 的这些文章一定要汇集起来，它会成为中国文学的一笔财富，它更是中国文苑的一朵奇葩！不仅是 Pauline 和闹闹“厮混”在一起，我们也都会一直和闹闹“厮混”在一起，见证闹闹的异国成长史。

博主回复：2009-03-05 13:40:27

箫兄，谢谢你将近三年来的阅读陪伴。对于远隔重山的我们一家，从陌生到熟悉，你总是充满温暖的关爱，即便是你自己远离博客写作的很长一段日子，你对闹闹、对我们的挂念也从来不曾远离。我写这篇的时候，不由想到去年的《继续博客理由》，最感欣慰的，就是我曾经坚信的愿望实现了，你终于回来，重新写字给我们大家看，一如既往地认真，而文字的内涵更深，带来的养分更多。

你还是夸得我羞愧了。记录闹闹，诚然是出于母亲本能的爱，但更是一种乐趣，也是借此回顾我们自己的童年，也许没有这么精彩，可是总有些相似吧？何况通过博客这个平台，我还可以跟众多的朋友们分享喜怒哀乐，跟大家交流，得到许多超乎我想象的回馈，实乃一大幸事。

至于你言及的愧疚，就像我在给牛歌的回复里说的，是时代的进步给了如今的妈妈爸爸更方便的记录方式，更因为如今能上网的我们，基本上没有你们当年生活困顿带来的焦虑。

再次谢谢箫兄长长的留言。没有你和其他朋友们的陪伴，我大概也会一直坚持写到今天，可是一定没有那么多我曾经享受的快乐。

- 疏影：2009-03-05 13:21:35　感人至深的一篇文字，其细腻真诚，令做母亲的人感动震撼。“厮混”一词用得甚妙！传统上，我们都把自己当家长，用命令的口吻跟孩子说话，用很多玩具打发孩子美好的童年时光，如今想来，真的后悔没有跟孩子多多厮混。

- 翠竹间的清风：2009-03-07 05:20:53　我原来把你比做乔治·桑，是说你的文字和她一样，看上去很简单，细读的味道就让人惊奇了，乔治·桑和你比就少了东方的神韵。所以对你的文字，如果我今天气浮的话，我明天一定要来静下心来细看，你的精彩就在于不做作。看你这篇文字，正好和我今天的感受有异曲同工之感，我喜欢淡淡的花香，就似你这般的淡淡的文字，简单的文字。我原来和你说过的，我没事是会经常回头去看“饮水饱”的。这确实像其他朋友说的一样，它不仅仅是一种母爱的表达，它更是一个值得大家借鉴的育人宝典。母爱不光是一种责任，她更是一门艺术！在博客中有一个呱呱落地的小宝宝，我跟踪了她三年，因为那记录着她的成长，和闹闹一样，我们都在一起感受他的每一个成长瞬间。我记得我在博客中说过，你的博客是我见过的所有博客中含金量最高的，这个含金量是你拿心血换来的，徐静蕾的博客点击虽然那么高，但质量却差你一万倍不止。你总是在不声不响中把中西文化融会……

博主回复：2009-03-07 09:02:35

清风兄，你你你，这般夸我，叫我如何回应是好？不过还是要谢谢你的理解和一直来的信任与鼓励。第一，怎么敢跟 Sand 来比？她是蒙田的更是卢梭的弟子！但是你说她的文字简单，这正是她一生的执著追求，如果我真的跟她有些相似，或者希望有一点点跟她相似之处的话，那么就是这“简单”了。第二，不跟名博比，当然也从来无意，更没有可比较的平台。我们是快乐而真实的草根。第三，含金量？小小马虎斋若真有金子在发光，我倒是不谦虚自己有天然的母爱，我也感谢所有说话或不说话的朋友们的阅读和鼓励，是你们帮助了我，使得小小陋室蓬荜生辉。

- Alice：2009-03-11 19：32：03　Pauline，看你的博之后总是充满感动，好想也有个孩子来厮混一下。

- 南山：2009-03-26 20：07：11　母亲总是细心地疼爱子女，这是最无私的付出，马虎斋主不仅才情高，更是一个千千万万人中伟大的母亲。

- 尘埃：2009-03-18 18：13：25　陪着孩子成长，孩子在成长，我们也在成长，没有孩子，我们不会明白妈妈会有什么样的幸福和快乐，孩子的成长会给我们更多的感动。

- 新浪网友：2009-04-01 20：29：27　温暖，还是温暖……原谅一个而立之年的男人几乎控制不住的泪水涟涟。爱了，就是纯粹，唯一，这是多纯粹的爱。

《从容走过一学年》

- 洞箫：2009-08-12 20：29：45　从第一次离开妈妈上幼儿园，到现在完成了小学的第一个学年，闹闹清晰的脚印留在博客里，一串串，深深浅浅，我们看见过他童稚时的趔趄，也看见了他成长为小小少年时的步态轻盈。曾经，因为离开妈妈的怀抱，闹闹喑哑的哭声让我们也为之心伤。今天，看到沉浸在欢喜中的闹闹，我们也欣慰地笑了。可爱的闹闹、羞涩的闹闹，等有一天你回头来看这一篇篇博文，那时候，你一定会是带泪的笑，你也一定会感叹母爱的深沉和伟大，这里的点点滴滴，记录着孩子，实际也记录着母亲。

- 唐启意：2009-08-14 11：02：04　每每看到小家伙的成长经历，不由地想起自己的小时候。我们弟兄姊妹多，生活困难自不必说，哪里谈得上正规的、系统的家庭教育？看到小家伙如此细心负责的父母，如此优越的成长环境，不说他，连我也感到了温暖幸福。都说困难和挫折是人生的财富，我却不以为然。能够在良好的环境里成长，为什么非要去人为地制造困难和挫折呢？我以为，一个人能否成才，不在于他吃了多少苦，而在于他接受了什么样的教育。因此，我从心里祝福小家伙。

● 流水斋：2009-08-17 21:45:05　不当作家太可惜，应该给你找出版社了。

● 贝西：2009-08-17 22:43:23　赞同上面朋友说的，出书后我先预定一本。

《别开生面的音乐会》

● Yvette：2009-01-21 16:06:50　看了此文感慨良多。将素质教育进行于无形，这是社会的责任。国内大都流于形式。闹爸是个如此负责任的好父亲。

● 贝西：2009-01-24 13:00:51　这真是极好的新年礼物。其实，音乐是用来感受的，不管是否搞专业，只要感受到音乐的美就足够了。闹闹真是有福，童年能在那样一个充满艺术氛围的国度里度过，那将会对他的一生奠定一个极好的基础。

● 丁香：2009-01-24 17:40:03　看了此文，除了法国的音乐教育普及以外，闹爸对孩子的教育和爱更让人感慨，我一直就看到你们总是带闹闹去各种博物馆，这次又是音乐会，对闹闹的成长绝对有利。好爸爸、好妈妈！

《"豁牙班"(2)》

● 小小：2008-12-23 09:28:54　昨天看得眼泪唏哩哗啦的，没办法留言，今天再来看一次，还是眼眶热辣辣，鼻子酸酸的。真奇怪，我感动得想哭！或者是羡慕吧。

● 好乐：2008-12-08 14:15:01　Pauline 写下的这些绝对也是在为国内的教育做贡献。以 Pauline 的水平，再加上如此细致的记录，完全就是珍贵的第一手资料。所以除了有趣，除了感动，我想还会有很多人从中受益的。所谓交流，真的就是在这点点滴滴中的，我们透过 Pauline 的眼看法国，法国人也一定透过 Pauline 看到了我们。

《闹闹上学记(2)》

● 蓝兔子 1974：2008-09-07 14:58:49　于是我们继续用温婉怜爱的目光

注视着你静静长大，不怕自己的时光会倏忽老去。——为何在表情栏里找不到一个感动得热泪盈眶的表情？羡慕啊，一个懂爱心的好老师对孩子太重要了！

- 洞箫：2008-09-15 10:44:00　看了多遍这篇文字，每次心里都酸酸的，好文章就是这样打动人的心田，让人在阅读时，有许多联想、许多呼应。一些久已淡忘的往事，瞬间都袭上心头。

《闹闹与蜗牛》

- 阿姐妤梦：2008-05-04 09:00:26　小蜗牛不仅是给闹闹和闹妈带来了乐趣，也为我们带来阵阵舒心的愉悦。节后的第一个清晨读你的蜗牛，让心情更爽。生活里值得我们去爱的东西太多了，用心去发现和看待这美好，心也会愈加的美好啊！

- 刘坤：2008-05-05 11:27:19　闹闹真是个善良、体贴，富有爱心的孩子，他还有一个善于思考、懂得细心观察的小脑袋；我想当 Pauline 想到自己已是白发苍苍慈眉善目的奶奶的那一刻肯定是幸福和满足的。

《新观察家的问题很严肃》

- 竹子：2008-03-19 09:57:03　好久没来了，一来就看见闹的奇思妙语。被各种压力压的无比烦躁接近崩溃的心，在看到小人儿语录后，心一下变的柔柔软软的。

- 贝西：2008-03-21 11:20:20　和读朱德庸的《绝对小孩》一样过瘾。

《换牙记》

- 午腾：2007-11-11 09:25:16　《换牙记》是一篇没有任何写作痕迹的经典美文。写作者闹妈在睡意朦胧中，被小人儿清晰的声音唤醒。由此，一场成人与幼童对话的生活剧，在子夜开始了上演；成熟的、理性的深思熟虑与紧张的、焦虑的童真幻想在子夜发生或明或暗的冲突。

闹妈的文字语言明显多了西方文学的影响，这给该篇小文增色不少。通篇里有好几个电影拍摄的技术画面随着一颗小牙舒缓地展开，父亲的只言片语加上母亲的难眠担忧又和小孩子的心灵世界发生激烈的抗争——我们成人为什么非要让童年快些长大呢?

这是全篇文字里隐藏着的最值得我们思考的问题了，也是意义非凡。我们成人总是用理性的观点和世俗的观点去评判孩子的童话世界。

一个小家庭的戏剧的一幕似乎就在子夜等待天明的时候结束了，留给阅读者我的一个问题是，我们真该找回我们都有过的童年内心世界，哪怕像是闹闹那样的思想——我的牙齿掉了而动物们的牙齿也会掉吗——倘若动物们的牙齿掉了又有谁去帮助它们呢?

老庄哲学不就是天人合一，万物和谐的么。最懂老庄哲学者，5岁闹闹也!加油啊，闹妈。随着那孩子一天天成长，你的文笔将会更加精彩!

- 绿色素描：2007-11-16 22:32:24　多可爱的闹娃儿啊，让我喜欢得心疼。嘿嘿，这究竟是啥感觉呢，喜欢得心疼，但的确是这感觉。

- 随风远飘：2007-11-23 09:39:59　感动闹闹的博大、聪灵，小心灵怀大世界，句句都是大智慧呀，让大人们自觉惭愧，呵呵。

- 慧剑：2007-12-01 21:14:25　美妙极了!余音绕梁的感觉，无论是精灵闹儿还是闹爸闹妈，真是珠联璧合的一家!闹妈文笔了得，细腻、大气又独出心裁，太有味道!

- 半满斋：2008-02-23 22:12:14　我由衷赞成午腾先生的评价。真性情出真文章，真感情本身就是文章。

《妈，你知道吗》

- 雍容：2007-10-07 10:35:56　你真的细心，又用心，好妈妈和好爸爸共同养育了一个好孩子，很在理。

- 牛歌：2007-10-07 14:02:10　闹闹的话不光有趣，而且很有思想。他观察事物真够仔细的。集腋成裘，能出书当然好，即使不出书，汇编成册，也是送给孩子的珍贵礼物。

- 枫：2007-10-07 18:44:58　最爱看关于闹闹的文章，最喜欢宝贝那句“奇模怪样”，我在想着宝贝可爱的模样，忍不住想抱抱他。

- Amelie：2007-10-07 18:47:01　那些对话真是可爱，童言无忌啊，而且闹闹想象力真是丰富，看着他的话我心里真是由衷地感到：做个孩子真好！

- zb：2007-10-09 09:35:33　童趣可贵，成年人能欣赏这种童趣也同样可贵。老师的抱怨和责备很粗暴地让孩子很小的时候就学着压抑自己，迎合大人。这的确非常可悲。虽然我们不能改变目前的教育大环境，但至少可以在家庭创造一个适合孩子生长的空间。回头想想，我们的人生其实也曾面临许多变数，走到现在也不乏幸运的成分。而我们的孩子，如果从小培养他们如何做人、如何学习，以后他们也会比我们走得更稳、更远。

- 逸云：2007-10-10 10:00:25　童真天趣，是美好的思想火花，需要你们这样智慧的父母来培育，来引导。你做的这件事情真有意义。为闹闹有这么好的爸妈而感动。

- 左左：2007-10-10 18:02:30　可爱的闹闹，善于提问的闹闹，善于归纳总结的闹闹，有着精彩童年的闹闹。有爸妈如此呵护疼爱的闹闹怎能不开心茁壮地成长呢？

- Madeleine：2007-10-11 04:47:13　阳光下的闹闹真是可爱，闹闹的提问总是吸引我，不过闹妈闹爸的回答也很精辟。

- 北冰洋：2007-10-12 14:24:36　好可爱的闹闹，闹妈的回答也相当精彩。

- 竹子：2006-11-01 18:08:49　超级宝贝闹闹的童言童语逗得我忍不住开心大笑，一天的疲倦在大笑中也消失了一多半，至于皱纹，俺才不管它爱长不长呢，随它去……

《“密室”问答录》

- Thibaut：2006-05-24 09:23:36　小人儿这么多问题？要马上去买一本《十万个为什么》了，不然招架不住啊。

- 蔚之快乐：2006-05-24 09:25:33　为什么我小时候没有这么多问题呢？请 Pauline 姐姐给我讲。

- 左左：2006-05-24 09:25:43　《十万个为什么》是不够的！小孩子的想象力怎能简单地用数字来衡量呢？那小小的脑袋里能装整个宇宙呢！觉得闹闹问

得妙，Pauline 答得巧，真是精彩极了！

- sammi：2006-05-24 11：14：09　乐不可支，太逗了！
- Cecile：2006-09-13 18：41：30　哈哈，这小孩的思想多可爱，建议 Pauline 准备一本闹闹语录。

《跪着吻别孩子们》

- 陆诗凡：2006-05-08 10：47：33　这是种浪漫温馨的职业，当有一天，这样的爱如风吹，不动声色，爱在他们的心底已经写满。我也喜欢这样爱的感觉，看着张张可爱的脸，那会是幸福的事情。
- 贝西：2006-05-10 23：59：35　记住了这个题目，记住了这个动作。
- Carine：2006-05-13 07：38：55　似乎应该让我国的老师们（尤其是幼儿教师）也来看看，爱心这东西不是嘴上说的，工作总结中评的，而是发自内心的。
- 牛歌：2007-04-03 01：02：53　非常感动！这篇文章应该推荐到《读者》上去。常常看到电影上外国成人遇见小孩蹲下说话，已经够感佩了，居然还有跪着吻别孩子们的，何况那么多——百余个孩子。校长发白的裤子，尤其传神。这个细节特别让人心热。
- 疏影：2009-07-03 07：59：58　看着闹闹对老普的动作，很感动，瞬间眼眶竟然湿润。校长的跪着吻别，很令人感到言传身教，就是这样。
- 墨桅：2009-07-03 12：11：32　向着这跪着吻别孩子的人鞠躬！
- 流水斋：2009-07-03 16：08：48　每次在你的博客中都能学到很多真正有益的东西，见识令人感佩的人。
- 半满：2009-07-05 23：38：33　你用细节刻画了大爱，感人至深的大爱。我不禁老泪纵横！
- 萧耳：2009-07-09 23：13：51　这样的老师，在国内实在太难得了。我现在很怀疑儿子他们这一代人是否会在成长过程中遇到真正能够启蒙心智的老师。那样的老师在一生中如果遇到，那是福分。

漂在异国的女生（代跋）

益姣的这本书，我在三年前就开始读了，那时她正信手写着这部手记的开篇。她写得率性我也看得随意，但看着看着，我和一群网友就都成了她的粉丝。我们的朋友里面，也因此多了一个远在法兰西的闹闹，这么一个常常带着几分羞涩的小男孩，从益姣(其实我们都叫她女生，或者称她“阳光女生”)的笔下蹒跚地向我们走来，一天一天让我们牵挂。文字的魅力就是这样神奇，尽管我们够不着拍一拍他的小脑袋，但因为女生深情的笔触，我们可以清楚地感受到闹闹的一颦一笑。借助网络，我们还可以听到闹闹稚嫩的歌声，歌声里，女生的文字牵着闹闹的小手，一起来到我们中间，抚慰我们平淡且又琐碎的日子。

女生益姣到异国巴黎已经五年多辰光了，那时候小先生闹闹才刚两岁多一点儿，他当然不知晓异乡的困顿，而女生不能回避。两个留学法国的在读博士，等待他们的并不都是灿烂阳光，也有阴霾与焦虑。但这不重要，重要的是一家人的团聚。重逢的日子多么美好，解开了两地的相思结，即便有一点苦涩心里也觉甘甜。然而，闹闹却起了另一种思念。我常常感叹闹闹是一个早慧的孩子，他那么小，就有了两难的心境。和妈妈一起，见到了爸爸，可是，青岛呢？外婆呢？透过女生的笔触，我们分明看到了闹闹泪汪汪的双眼，他还无法懂得事难两全，可他却总能表达自己的思念，一只鸟，一条船，都会勾起他并不清晰的记忆。每当我读到有关闹闹思念家乡的文字，不经意间就起了泪潮。大人的思念是可以克制的，而孩子的思念，却会在他心头一圈圈漫漶，留下久远的印痕。

而女生呢，她一样也有着真挚的情思，非此，她的笔端不会有那么沉着、那么深切的情愫。围绕着她和孩子的交流，那种东方女性特有的母爱，如细雨润物般地弥散开来，令我们感动，令我们肃然起敬。我们从中体会到的不止是亲情、也不止是对孩子的爱怜，更有深深的思索和长长的忧戚。身处异域，亲身感受着东西方文化的碰撞，女生无法使自己完全轻松起来，即便在她那些充满幽默和诙谐的篇章里，我们也一样能感受到许多深刻的东西。女生就是有这样棒，看似写的孩子，可其中的含蕴，却常能激起阅读者闻鸡起舞的壮志！

我读着益姣的文字，眼前常会浮现这样的画面：在江南的阡陌，在西子的故里，那条雨后泥泞的小道，走来赤脚的女生，天寒料峭，浓云四合，却不能阻挡女生求学的跋涉。女生自然也有调皮的时候，但孩提的嬉闹却从来离她很远，在父亲的推车前拽着绳子，在秧田里累得直不起腰来，叹息一声，少女时代就过去了。

她从浙西的乡野，考入南方的中大。她离开家乡的时候，火车总会打家门口经过，那一瞬间，她看见了父亲、母亲——尚在中年的父亲，已经有了些许的佝偻，分明在那里张望；而母亲在那一刻扬起手，似乎对她喊了一声，她知道爸妈或许并没有瞅见她，可是无论她走得多远，又如何能离开父母的叮咛！女生于父爱是那样的刻骨铭心，她的文里曾有写过“前生多少世修行才得到的今生父女之缘，又得经多少世，才有缘再相见，哪怕只是擦肩而过时的回头一笑？”读这样的文字我霍然心惊，也就此明白她对闹闹那份无以复加的深爱——她对闹闹的爱恋是双份的，一份是父母之爱在她身上的延续，一份是她血液中那份天然的母爱。对母爱的诠释是多样的，惟有女生，能做到这样细腻温婉、这样智慧超群、这样高深广远、这样殚精竭虑！年轻的益姣真是优秀，辞别越秀山下的校园，她又走进珞珈山上的枫园，而她的学业也就此延伸，一直延伸到碧波荡漾的塞纳河畔。

我羡慕闹闹，固然在年幼的时候就流寓他乡，可是，他获得了这样别致的父爱和母爱。他能有妈妈陪着走遍欧洲的博物馆、展览馆、游乐园，在这样少小的时候，就去拜访莎翁，拜访雨果，拜访那一处处名垂史册的先贤故居！

女生益姣的文笔，每让人读之心折。她那篇《跪着吻别孩子们》我曾多次翻阅，久久回味。文中描述的善良和仁爱，一次次敲击我心扉，也照见了我的羞惭。也许我们都难做到如幼儿园园长那样深挚而广博的爱，但我知道女生会有这样的心胸，也许，她会以另一种形式的“跪着”，去回报哺育她的时代。

偶然的，我的书房响起清脆的铃声，电话那端传来的声音清亮而动听，普通话里犹带着江南口音，原来竟是益姣。要感谢发达的通信业，万里之遥的间隔以及七个小时的时差都被隐去了，让人误以为她就在街对面的电话亭。电话里的益姣和文字中的益姣是有区别的，文字中的她睿智多思，却也因之显出几分与年龄不相称的老成；而电话里的益姣依旧是一个小女生，阳光灿烂、朝气蓬勃，洋溢着青春活力。这让我甚感欣慰，繁重的学业以及异域的奔波，并没有消磨去两个求学者的意志，他们在拥有健康体魄的同时，更拥有良好的心态。

算来，我与阳光女生的相识已有四个年头了，寒来暑往，当初是怎么相遇的都有些记不太清。坊间流传一种说法是，只要经过六个人的相识链条，你就可以认识世界上的任何一个人。让我与益姣相识的那节链条，是一位行走天涯的国际旅人。如今这个浪游的女子已不知迁徙在哪一方云彩的下边，但经由她让我有幸与益姣结识，却常令我心生感激。今天女生益姣嘱我为她的新著《跟你厮混在一起》写一篇跋文，我便想起了这段因缘。晚间照例没有躲过必要的应酬，所以只能在子夜时分，来完成益姣的嘱托。我倒没有多少的惶恐，写得不好，我自有托辞：急水下急桨，临时抱佛脚，让我怎能写出与女生美文相匹配的文字呢。

最后要说的是，时至今日，与阳光女生都还只是神交，尽管我们已是这样的熟稔。女生平常尊称我为兄，其实论起年龄，似乎是错着一个辈分；若是旧时代的大家庭，算她是一个小幺妹倒也是可以的。人隔天涯，未必一定都要见着，我期待益姣再有新著出来，或者到百家讲坛去走上一遭。那时候，我便可以骄傲地对周边的人说：嘿嘿，这是我的朋友！

程乐君(洞箫)

2009年9月22日

于汉水之滨古城襄樊